为爱教书

WEIAIJIAOSHU

名师工程 思想者系列

钱理群 张文质 ◎ 主编

马一舜 ◎ 著

西南师范大学出版社
全国百佳图书出版单位 国家一级出版社

图书在版编目（CIP）数据

为爱教书/马一舜著．—重庆：西南师范大学出版社，2011.10
（名师工程系列丛书）
ISBN 978-7-5621-5484-6

Ⅰ.①为… Ⅱ.①马… Ⅲ.①教育－随笔－中国－文集
Ⅳ.①G52-53

中国版本图书馆 CIP 数据核字（2011）第 207046 号

名师工程系列丛书

编委会主任： 马　立　宋乃庆
总策划： 周安平
策　划： 李远毅　卢　旭　郑持军　郭德军

为爱教书
马一舜　著

责任编辑	任志林　任占弟
封面设计	天字行文化
出版发行	西南师范大学出版社
	地址：重庆市北碚区天生路1号
	邮编：400715　市场营销部电话：023-68868624
	http://www.xscbs.com
经　销	新华书店
印　刷	三河市九洲财鑫印刷有限公司
开　本	787mm×1092mm　1/16
印　张	11.25
字　数	152千字
版　次	2011年11月　第1版
印　次	2015年6月　第3次印刷
书　号	ISBN 978-7-5621-5484-6
定　价	26.00元

若有印装质量问题，请联系出版社调换
版权所有　翻印必究

《名师工程》系列丛书

学术指导委员会

主　任	顾明远
委　员	陶西平　李吉林　钱梦龙　朱永新　顾泠沅　马　立
	朱小蔓　张兰春　宋乃庆　陈时见　魏书生　田正平
	张斌贤　靳玉乐　石中英　钱理群

编撰委员会

主　任	马　立　宋乃庆
编　委 （按姓氏拼音排序）	卞金祥　曹子建　陈　文　邓　涛　窦桂梅　冯增俊
	高万祥　郭元祥　贺　斌　侯一波　胡　涛　黄爱华
	蓝耿忠　李韦遴　李淑华　李远毅　李镇西　李力加
	李国汉　刘良华　刘海涛　刘世斌　刘扬云　刘正生
	林高明　鲁忠义　马艳文　缪水娟　闵乐夫　齐　欣
	沈　旎　施建平　石国兴　孙建锋　孙志毅　陶继新
	田福安　王斌兴　魏　群　魏永田　吴　勇　肖　川
	谢定兰　熊川武　徐　斌　徐　莉　徐　勇　徐学福
	徐永新　严永金　杨连山　杨志军　余文森　袁卫星
	张爱华　张化万　张瑾琳　张明礼　张文质　张晓明
	张晓沛　赵　凯　赵青文　郑忠耀　周安平　周维强
	周亚光　朱德全　朱乐平

《名师工程》系列丛书

征 稿 启 事

《名师工程》系列丛书是西南师范大学出版社策划、组织出版的大型系列教育丛书。丛书以新课程下的新教学为背景,以促进施教者的教育能力为落脚点,以提高教育质量、提升教师水平为宗旨。

丛书首批推出的"名师讲述""教学提升""教学新突破""高中新课程""教师成长""大师讲坛""教育细节""创新语文教学""教育管理力""教师修炼""创新数学教学""教育通识""教育心理""创新课堂""思想者""名师名课""幼师提升""优化教学""教研提升""名校长核心思想""名校工程""高效课堂""创新班主任""教育探索者"等系列,共170多个品种,其余系列也将陆续出版。为了让广大教师有一个交流、借鉴的机会,同时也为了给广大教师提供更多、更好的图书,《名师工程》系列丛书编辑出版委员会特向全国教育工作者征集稿件。

稿件要求:

1. 主题鲜明、新颖,有独创性。
2. 主题以提升教育能力为主,也可适当外延。
3. 主题要有一定规模、有典型案例支撑。
4. 案例要贴近教育实际,操作性强。
5. 文章、书稿结构清晰,语言精彩。

书稿作者在选题确定之后,请及时与我们做好沟通,具体事宜确定好之后再进行创作;也欢迎用已经完稿的稿件投稿。一线教师如希望参与图书案例的创作,可联系我社策划机构,由策划机构备案,在适合的图书中参与创作。

真诚欢迎各位教师踊跃投稿。

联系方式:

西南师范大学出版社高教分社
电话:023—68254356　　E—mail:zcj@swu.cn
西南师范大学出版社高教分社北京策划部
电话:010—68403096
E—mail:guodejun1973@163.com

编者的话

当前,以人为本的教育理念正在逐步深化,素质教育以及基础教育课程改革不断推进。在这场深刻又艰苦的教育改革中,涌现了无数甘为人梯、乐于奉献的优秀教师。他们积极探索、更新观念、敢于创新、善于改革,在实践中创造性地发展、总结了很多先进的教育思想、教育理念;创造性地开发了很多新的教学模式、教学内容和教学方法。这些新思想、新模式、新方法在实践中极大地提高了教学质量,是教育改革实践中的新内涵和宝贵财富。这些优秀教师就是我们的名师,这些新内涵就是名师的核心教育力。整理、总结、发展、推广这些教育新内涵,是深化教育改革、完善教育体制、提高教育质量、提升教师水平的一件大事。

教育,是民族振兴的基石;教师,是教育发展的根基。

胡锦涛在全国优秀教师代表座谈会上指出:"教师是人类文明的传承者。推动教育事业又好又快发展,培养高素质人才,教师是关键。没有高水平的教师队伍,就没有高质量的教育。"十七大报告又进一步强调了必须加强教师队伍建设,不断提高教师的素质。当今世界,社会进步一日千里,科技发展日新月异,知识更新的周期越来越短。教师作为"文明的传承者"更要与时俱进,刻苦钻研、奋发进取,尽快提升自身素质和能力,为推动教育事业的健康发展贡献自己的力量。

基于以上,西南师范大学出版社策划、组织出版了大型系列教育丛书——《名师工程》。希望通过总结名师的创新经验、先进理念,宣传名师的核心教育力,为广大教师职业生涯提供精神源泉和实践动力,在教育实践层面切实推动从教者职业素养的提升。通过《名师工程》实现"打造名师的工程"。

丛书在策划、创作过程中力求实现以下特色:

一、理念创新,体现教育的人本精神

教师角色在以人为本的教育理念下发生了重大的变化,教师的素质和能力也面临更高的要求。如何弘扬、培植学生的主体性、增强学生的主体意识、发展学生的主体能力、塑造学生的主体人格等问题成为教师在目前教育中亟待解决的难题。丛书以教育管理者和教师为主要读者对象，通过教师综合素质的提高而将人本教育的思想落实到教育实践中，真正实现教育培养人、塑造人、发展人的本质要求。

二、全面构建，系统提升教师的教育能力

丛书选题的最大特点就是系统、全面地针对教师教育能力的提升而展开。施教者的能力决定教育的效果，教育改革的落实、教育效果的提高无不体现在教师身上。丛书针对不同教育能力、不同教学要求、不同教育对象，有针对性地设置选题。棘手学生、课堂切入、引导艺术、班主任的教导力、互动艺术、课堂效率、心灵教育等等，这些鲜明的主题从教育的细节出发，从教育实际情况出发，有针对性地解决问题，让教师在阅读中学有所指、读有所获。

三、科学权威，体现教育的时代前沿性

丛书邀请全国各地著名的教育工作者执笔，汇集在教育改革与实践中涌现的先进理念、成果和方法，经过专家认真遴选、评点总结而成，代表了目前教育实践中先进的教育生产力，具有时代前沿性，是广大一线教师学习、借鉴的好素材。

四、注重实践，突出施教的实用价值

丛书采用了通俗的创作方法，把死板的道理鲜活化，把教条的写法改变为以案例为主，分析、评点为辅，把最先进的教育理念和方法融入有趣的情境中。经典的案例，情境式的叙述，流畅的语言，充满感情的评述，发人深省的剖析，娓娓道来、深入浅出，让教师更充分地领会先进、有效的教育方法。

在诸多教育、出版界同仁的支持与努力下，"名师工程"丛书陆续推出了"名师讲述""教学提升""教学新突破""高中新课程""教师成长""大师讲坛""教育细节""创新语文教学""教育管理力""教师修炼""创新数学教学""教育通识""教育心理""创新课堂""思想者""名师名课""幼师提升""优化教学""教研提升""名校长核心思想""名校工程""高效课堂""创新班主任""教育探索者"等系列，共170多个品种，后续图书也将陆续出版。

丛书在出版创作过程中得到各地、各级教育部门与教育工作者的大力支持与帮助，在此一并表示感谢！

教育事业是全社会共同的事业，本丛书的出版一方面希望能对广大教育工作者有所帮助，共飨先进成果；另一方面也是抛砖引玉，希望更多的教育工作者参与到出版创作中来，百家争鸣、百花齐放，为促进教育事业的发展共同努力！

目 录

"教育思想者"丛书总序

有这样一位农村教师

教学中的小智慧

追求课堂语言艺术的理想境界 …………………………… 3

作者介绍——不可忽视的契机和资源 …………………… 8

常把自己带进课堂 ………………………………………… 11

三教《我的母亲》 ………………………………………… 14

教学中,我是怎样"偷懒"的 …………………………… 19

少点归纳,多点阅读 ……………………………………… 22

我教《雪》之得失 ………………………………………… 25

我的教学后记(选) ……………………………………… 29

学生作文中的真与假 ……………………………………… 36

文章亮色"引用"来 ……………………………………… 39

在功利目的下的苦心归纳 ………………………………… 43

别小心眼太多 ……………………………………………… 46

关于教学随笔的随想 ……………………………………… 48

我该怎样教育学生

真正的无私奉献——敢于教成倒数第一 ················ 51
我是怎样培养学生的怀疑精神的 ···················· 56
强烈地扇动着温柔的翅膀 ························ 61
学生布置的作业——我读《窗边的小豆豆》 ············ 64
我该怎样教孩子 ······························ 68
学会惩罚 ··································· 70
女生来信 ··································· 73
"聪明"的孩子 ······························· 78
苦辣酸甜说语言 ······························ 81
衣锦还乡 ··································· 86
说勤劳 ····································· 89
从可笑地活着到幽默地活着 ······················ 93
活在底层的好处 ······························ 96
说"活" ···································· 98
从"赖昌星是什么人物"说起 ···················· 100

教师，让我怎么尊敬你

我感受到的语言的浮夸与苍白 ···················· 105
应试教育下的学生生活 ·························· 110
教师，让我怎么尊敬你 ·························· 114

目录 CONTENTS

- 校长的三个层次 …………………………………… 118
- 正视人文教育所面临的抵牾力 …………………… 121
- 学校德育面临的"加"和"减" …………………… 126
- 成功的教育——不会让乌鸦当上百禽之王 ……… 129
- 从改良试题着手 …………………………………… 132
- 我的教育感言 ……………………………………… 136
- 我希望多听到一些:"我听学生说……" ………… 138
- 阅读万灵丹——读苏霍姆林斯基《给教师的建议》有感 … 141
- 掌声与掌声后的…… ……………………………… 146

"教育思想者"丛书总序

提出"教育思想者"的概念,当然不是要求教师都是思想家,因为教师的本职是传授知识,而不是发现新知。

我们是在两个意义上说教师必须是一个思想者的。首先,教师应该是一个具有独立思想、独立人格、独立思考和理性判断力的"人"。其次,他对于世界、人生、社会,特别是对于所从事的教育事业,应该有自己的认识和见解,并且有独立的承担。这两个要求,前者是基本的,后者则是更高层次的。

我在2000年就说过:"中国的教育有没有希望,中国的语文教育能否真正体现人文精神,一个重要方面,就是看是否拥有大批的'有思想的教师';而中国的教育,中国的语文教育之所以需要改革,一个重要原因,也在于现行教育体制在某些方面首先束缚了教师的思想,不容或不利于'有思想的教师'的发展,当然也就很难培养出真正有独立思想、独立人格的学生。因此,我认为,教育改革(也包括语文教育改革)应该是一次思想解放运动,首先在教育体制上给教师、学生以较大的自主权,让他们真正成为教育的主人,把教与学的主动权掌握在自己手中;同时也追求思想的解放,创造最广阔、自由的精神空间。——这是我们的理想,是我们的奋斗目标。"(《语文教育门外谈》,相濡以沫(二))

以后近十年的课程改革,虽然有许多不尽人意之处,但也确实为有思想有追求的老师提供了一定的空间;而网络的出现,更是为教师中思想者的成长、聚集,开辟了一个新的天地。于是,民间教育思想者的出现,就成了近年来最重要的中国教育事件,并已经为中国教育的发展和改革提供了新的活力和新的可能性。正像我在很多文章里反复强调的那样,这些民间教育思想者本应成为教育改革的中坚力量,但他们在实际的教育生活中却处于被漠视、被排斥和边缘化的地位。这是当下中国教育改革的巨大矛盾，也是我们必须面对与解决的问题。

正是在这样的背景下，我们编辑、出版这套《教育思想者丛书》，就是要为这些年陆续涌现的民间教育思想者提供一个"发出自己的声音"的园地，向社会和中国教育界显示他们的独立存在，希望有更多的有识之士认识到他们存在的意义和价值，关心他们的发展和成长。

我们认为，这不仅关系着教育的平等与民主，而且关系着我们应该怎样观察中国的社会和中国的教育。

鲁迅早就说过，要真正认识中国，必须"自己去看地底下"。（《中国人失掉自信力了吗》）

不了解中国的底层教育，听不到底层教师的声音，同样无法真正认识中国的教育。

那里有真实的中国教育问题，因为边远，就更加赤裸裸，较少掩盖遮蔽，那黑色的真实，或许更容易使我们警醒。

那里更有真正的教育智慧，因为产生于艰难的挣扎之中，就弥足珍贵。因为更近于本土本色，或许就会萌生新的教育因子。

最重要的是，那里的教师是鲁迅最为赞赏的"埋头苦干的人""拼命硬干的人"，那才是中国教育的"筋骨和脊梁"。（《中国人失掉自信力了吗》）

钱理群

有这样一位农村教师

我有好几位没有见过面的在农村基层任教的朋友,马一舜老师就是其中一位。我们是因为通信认识的,后来还通过电话;通信、通话的次数并不多,但却有一见如故的感觉;联系的密切程度并不重要,心有灵犀就足够了。——这是真的,我的学术观点、教育观点,常被质疑,被认为过于"理想""脱离中国教育实际",但却在像马老师这样的真正生活在困境中的基层教师这里引起共鸣,得到响应。其实我们都是因为孤立无援而需要相互支持。这样的来自社会和教育底层的"相濡以沫"的朋友,我是格外看重和珍惜的。

从通信中得知,马老师喜欢写作,我从他寄来的几篇文章中也看出了他的才华与勤奋,于是去信希望看到他更多的文章,看看有没有可能集结成一本书。结果,于2006年底,收到了马老师寄来的厚厚一大本文稿,题目是《为爱教书》,还有一封情真意切的信。但我自己却被数不清的杂事所缠绕,竟没有时间,也没有精力来为我的这位朋友写点什么,一直拖了两年之久,而且拖的时间越长,心理负担越重,反而越难以动笔。现在已是2008年的岁末,再也不能拖下去了,我终于提起笔来——

因语言而痛苦:一个真正的语文教师的深层困惑

就从这篇《苦辣酸甜说语言》写起吧。马老师说:"我这一生要说贫困给我的感受已经是够多够深够烈的了,但似不及语言。在我还不知道为贫困难受的时候,语言就已经开始让我难受了;在我通过几十年努力快要甩掉极端贫困的时候，语言给我的难受感反而有增无减……"可以说，这是一切有理想，有自己的思想和语言追求的语文老师、知识分子的最真实、最深沉的痛苦。这种痛苦被马老师敏锐地抓住了，而且表达出来了，从而就具有了一种震撼力。

马老师在来信中告诉我，他20世纪60年代出生在湖北省石首市一个偏僻的村子里，他形容这个村子是"角落之角落之角落"。他说："不到十岁，我就感受到了语言的可怕。不知是我小时候格外喜欢做坏事，还是同学们都觉得我（患有小儿麻痹症）软弱可欺，总之，我几乎每天都有错误被同学们检举给老师。可能是老师看到我的问题越来越多，于是在班上召开了一次'批斗会'，他将粉笔横着铆足了劲在黑板上写了'批判大会'四个字——这是我第一次看到将粉笔横着写字。以后我每当看到别的老师或我自己当老师后这样写字时，总要想到这一幕"——这是马老师孩提时所亲身感受到的中国教育，其中充斥着荒唐和暴力的语言教育。他说："恐惧早就切入了我的经验世界。"（《恐惧的只是凡人》）以至当他当了语文老师后，发现这样的暴力语言，还有语言的虚幻化、模式化，在应试教育中继续得以延伸，并且通过我们的教育（社会教育和学校教育）"内化进了我们下一代的血液中"时，他又为此感到了忧虑。

马老师还告诉我，他的"父母比一般的农民显得更忠厚、老实、勤劳和无能，因此我说过，我的父母'比农民还农民'"。于是，"便是父亲的语言使我难受"。父亲说话总是来回缠绕，常常话不成句，毫无主见和定见，十句中至少有五六句是迎合与附属他人的，以及"客气得啰嗦，客气得低三下四，像是乞求"，其实都表现了一种社会底层人民因所受的物质与精神双重压迫而造成的精神病态。当年幼小的马老师却偏偏敏感于此，感到了在"漫长的炼狱"里煎熬般的痛苦，以至"我之所以拼命地要跳出农门，除了要改变我的祖辈们所延承的那种命运外，还有一个更现实的原因：要摆脱父亲的语言"。——坦白说，这样的痛苦，是我这样的城市知识分子过去从未经历过的，但却更深刻地揭示了像马老师这样的处在贫困和愚昧的包围与控制中的敏感的农村少年和农村知识者内在的精神困境。

后来，马老师"好不容易走出家庭，有了工作和单位"——那又是一番痛苦的挣扎与努力：马老师在信中告诉我，他因为残疾而备受歧视，感到上大学无望而在高一辍学；参加本村小学教师选拔时，又因残疾被排斥；以后勉强当上民办教师，又因为有新的高考落榜生而被替换；在养鸡、养兔、榨油、种果园都失败以后，又回头来教书，一边教学，一边自学，在工作、自学与经济困顿（报名、买书、参加面授时的生活费等，尽管钱数不多，但对他来说哪一项都不是可以轻易解决的）的三重压力下获得大专文凭，又通过考试终于成为"公办教师"。他原以为获得了基本的生存条件，能同时"挣脱语言的泥淖"，获得精神的解放，却不料又遭遇了更大的精神磨难——"又有新的语言给我以新的难受"，而且因为是语文教师而对语言有着极度的"职业的敏感"，这就使他常常生活在语言的烦恼甚至恐惧中。当他听到一些为人师者念错字、写文理不通的句子时，就有些难受；听到同事这样教训不认真学习的学生："你怎么这么不在乎！你家里蛮有钱？你父亲当的什么官？"时，教师语言中表现出的对金钱官位崇拜的臭味，也使他极不舒服。而有些领导的讲话，就更使他有受刑之感：大话、空话、套话、废话犹如四根绳索勒得人喘不过气，而且其中不乏"智商低，水平差，表现欲却特强"者，但因为他们是领导，包括自己在内的教师不愿听也得听：在语言压迫的背后，是权力的压迫。

如马老师所说，这样的语言压迫是几乎无所不在的："打开报纸和电视，我就不难发现里面的空话、套话、大话。我一走进人群，就像孙悟空发现妖怪一样，不久就听出了人群中的废话和假话。每遇这样的场合，我就如白水鱼掉进了浑水中。"

于是就有了这样的困惑与追问："为什么别人大都对语言处之泰然，而我对它却像林黛玉对贾宝玉的言行那样敏感，并生出不少的烦恼和痛苦呢？"——但正是在这里，马老师表现出了他作为语文教师的素质、品格与天赋。在我看来，语文教师之所以为"语文"教师，就因为他的天职不仅是要教学生运用语文，更要捍卫语文，尤其是祖国的母语，引导学生遵循与维护语言规范和语言文明。因此，对语文教师而言，最重要的，也是最基本的素质，就是对语言的敏感：不仅是对优质语言的明锐的感受力、鉴赏力，而且也包括对劣质语言、破坏语言文明的言行的极度敏感与警惕，以及捍卫语言纯洁性的高度责任感、自觉性，从而表现出捍卫语文教师职业尊严的道德勇气。因此，我在这里看到马老师"因语言而痛苦"，就有了收获知音之感；他在我心目中，也变得高大起来：这是真正的语文教师，尽管他身处边远的农村，头上也没有任何耀眼的头衔与光圈。

语言错谬背后的社会错谬与教育错谬

马老师清醒地意识到，他所面对的实际是语言错谬背后的社会错谬与教育错谬。作为一个社会底层的教师，他对这样的社会、教育错谬，是有着更直接的感受与更深切的观察的。马老师说："我不是一个纯粹的理论家，而是一个有良知有思想长期苦干并细察于教育第一线的老师，因此我比那些在外在上的人多的是几分'亲历者之苦'和'亲历者之痛'。"这是确乎如此的，只是马老师们发不出声音，发出来也无人理会。

马老师说，新课标和新教材诞生，曾给他带来了振奋和喜悦，但这种振奋和喜悦很快就消失了，因为"我们的教育面临着强大的抵牾力——教学内容与教师言行之间、学校与社会之间、书本与现实之间矛盾太多，可以说是处处矛盾。在这种环境下的教育的效果就不能不是微弱甚至是负效果的"。这是我们必须正视的教育现实。马老师因此写有《正视人文教育所面临的抵牾力》，其所描述的黑色的真实让我读得惊心动魄——

"我们日常使用的物品随时可能是假冒伪劣产品；我们所听到的十之七八是言不由衷的话语；孩子们出门，听到的最多的叮嘱是'不要上当受骗'。如果说中国的孩子生活在谎言中，生活在假冒伪劣的物质产品中，生活在对假的提防和对假的恐惧中，实不为太夸张。"

"中国人极度地漠视时间，慷慨地浪费时间，主要表现在没完没了的闲聊和'没有速散的宴席'上，如今再加上一个网上游戏和聊天，更严重的是表现在打牌和赌博上。有多少家长把孩子扔在家里自己去打牌！有多少家长一边打着牌一边指责孩子没有抓紧时间做作业！有多少孕妇成天挺着肚子在麻将中进行胎教！有多少不到10岁的孩子打牌已经打得很够水平！"

"'穿要穿名牌,零食当饭吃,饮料不离嘴,快餐是最爱,化妆品成系列,千元拍成写真照',这是对如今城市儿童消费的真实写照。其实,农村的孩子也差不了多少。这与社会上'一餐吃掉一头牛,过早(吃早饭)也得一田角'的奢靡浪费之风是互为因果、浑然一体的。"

"大人们动不动就送礼,请人办事更少不了送礼。求者习惯了送,被求者习惯了收。求者是不带红包不开口,被求者是'不见鬼子不挂弦'。于是学生中送礼现象也蔚然成风,而且礼品的档次越送越高。送礼之风是腐败的温床,从孩子们早早精于这套上我们可以预测到将来的腐败之风会是怎样的。"

"'亲情''孝心',既是传统文化也是如今人文教育的重要内容。可是中国人身上的人情味却一代比一代淡薄,孝心也似乎一代比一代减弱。我曾与几位同事谈到这一话题,大家都深有同感地说:'如今的孩子长大以后能亲热地喊一声姨妈、姑妈、伯伯、婶娘就很好了,更不用说对他们很有感情或有某种精神上的联系了。'"

"电影电视中到处是暴力的镜头,而现实生活中也是善斗争的人易见,持宽容的人难觅。在这样的环境里成长起来的孩子很容易成为暴力崇拜者,也是情理之中的事。"

"学雷锋,在小学低年级能蔚然成风,在小学高年级会时有发生,在中学生中逐渐稀少,在成年人中则寥若晨星。为什么会这样?因为社会上到处是这样的人:将损人利己视为天经地义,做损人利己的事也堂而皇之。学雷锋被大众当傻瓜,拾金不昧的孩子回家会遭骂。"

"看看我们的孩子是如何走进大自然的:组织学生到野外放风筝,首先学校统一收费买风筝(当然也少不了收取其他相关费用);用车把学生拉到某景点,停车后让他们向窗外看风景——为安全考虑,学生是不准下车的。我不知道这样的走进大自然,是会让孩子更爱大自然和生活,还是更讨厌大自然和生活。"

这就是中国教育的现状,是令人触目惊心的。对我来说,惊心处有四:

一是这样的状况还在继续,且有与时俱进之势。就以"中国的孩子生活在对假的提防和对假的恐惧中"而言,2008年的一起社会事件更证明了这一论断:"毒奶"事件让世界震惊,它不仅无情地毒害着孩子的身体,更给他们的心灵以无法弥补的伤害;它让所有的中国人都失去了生活的安全感,让恐惧渗透到每一个中国人的心中。

其二是因为它越过了教育的底线。正如马老师所说的,教育本"应该是真言和诚信的最后守护者",可现在一部分教育行政领导与教师一起直接或间接地引导学生作假,不只放弃了最基本的教育职责,而且反其道而行之。马老师在文章中所揭示的教育现实中存在的问题,几乎无一不是越过底线的:当我们培养出来的孩子淡漠到以至丧失了亲情、孝心,实际上就越过了道德的底线;当我们培养出来的孩子陷入暴力崇拜后,就孕育着越过做人的底线的危险。——这样的越过教育、道德、做人底线的"教育",确实令人惊心动魄。

其三,我们所面临的教育问题的严重性,在于几乎它的每一方面都和社会问题紧密联系在一起,可以说,这里讨论的说谎、漠视时间、消费主义下的奢靡之风、送礼之风、官本位、权力崇拜、亲情的淡漠、暴力倾向、损人利己……无一不是社会问题,是社会风气败坏了教育风气。也就是说,我们每一个成年人,校长、老师、家长,整个社会,都在有意无意地伤害着、错误地引导着我们的孩子,扭曲着他们的心灵,用一句我在一篇文章里说过的话,这是"大人犯混,在孩子这里遭到报应"。因此,绝不能就教育而谈教育,必须把它看成一个全局性的问题,必须在政治、经济、社会、思想文化、教育的全面改革中来解决教育问题。对此,我们每一个成年人都负有不可推卸的责任:我们对孩子是欠了债的。

其四,可怕的是,我们这些生活在教育圈子里的人,对这样的"教育"已经司空见惯、见怪不怪了!难怪马老师要痛心疾首地说:"如果这样的教育现状,不能至少引起少数有识之士的正视和忧虑,这个民族就真的麻木到家了!"(《正视人文教育所面临的抵牾力》)问题是,我们为什么会麻木?应该说,对应试教育的不满,并不只是"少数有识之士"的共识,实际上广大的教师、学生、家长、教育行政人员对其弊端和危害也都是看在眼里、心中有数的,而且都在不同程度上进行过抵制。问题是它是一个体制性的病害,当它以体制的力量显示出其不可撼动性时,相当多的人就转而去承认它、适应它,进而从中谋取利益，到最后，就逐步离不开它，成为其利益共同体的一个有机组成部分了。在这样的情势下，还要坚持对其质疑、批判的，就真的成了少数了。马老师说这些少数人是"有识之士"，可在大多数已经归依的人看来，他们却是不识时务的"呆子""疯子"。这样的群体性的由质疑到适应、依附的过程，不易觉察，细想起来，自有其触目惊心之处。

不知是幸还是不幸，马老师正是这少数"呆子""疯子"中的一员。如他在一篇文章里所说："底层是'离真理最近'的，'上面热烈讨论的、激烈争论的、苦苦探索的好些问题，在底层的老百姓看来，简单得几乎不用思索'。（《活在底层的好处》）"作为一个乡镇初中的语文老师，对应试教育对农村学生和农民意味着什么，是一清二楚的。坦白地说，前面所引的他对中国教育现状与问题的揭示，是如此真实而切中要害，是我这样的"上面"的大学教授作不出的。对他来说，质疑、拒绝这样的应试教育是很自然的，是出于他对"底层的鲜活而沉重的生活"的实际经验和体验。但如马老师在给我的信中所说的那样，作为一个自学成才的农村知识分子，他同时又具有"卑微者的高蹈的思想"；马老师的文章让我最感动的，也正是这样的"位卑不忘救国"的情怀与境界。他在一篇文章里，针对当下中国基础教育中过分重"优生"贱"差生"的普遍现象，一口气问了十个"如何"："如何避免部分学生（仅因成绩差而受歧视的学生）产生自卑心理和性格扭曲？如何不让学生从小就习惯于高高在上、趾高气扬（优生），或妄自菲薄、低眉顺眼（差生）？如何使学生都尊敬师长、团结同学？如何让每个学生尊严坚挺、个性鲜明？如何培养学生公正、平等的观念？如何让学生具有正义感和对真理的热爱之情？如何培养学生的博爱情怀？如何不让'差生'日后成为社会渣滓？如何让优生日后成为真正的社会精英？如何提高整个中华民族的素质并使之具有强大的国际竞争力？如何带来民族的振兴而傲立世界民族之林？"（《教育＝教优？》）可以看出，这都是他在自己的教学活动中，念念不忘的问题，是他最感苦恼，并努力探讨的，影响了他的教育观念与理想的问题，而这也是自然的，发自内心的。具有这样完全自觉的教育责任感、使命感，并且把它实践于日常教学的农村教师，是不多见的，也正是我们所期待、所呼唤的，理应成为我们的教育，特别是基层教育的骨干力量，农村教育改革的依靠对象。

但无情的现实却是，恰恰是马老师这样的真正的教师被我们的教育体制冷落了甚至边缘化了。我们的讨论，也因此进入了一个最沉重的话题——

"劣币驱逐良币"的教育体制

这几乎是必然的结局："我之前所在的学校有这样一个规定：如果某老师所带班级连续三次在期末统考中的成绩排同类班级倒数第一，则对该教师给以停岗的处分。由于我是一个早在新课标出台前就注重教学改革的教师，由于我在教学上的一举一动都是从培养学生的创新能力和人文素质出发，而不是像我的竞争对手那样处处从分数出发，由于我不屑于像其他某些同事那样挖空心思、绞尽脑汁地在监考、阅卷、登分等环节弄虚作假，我所带的班级连续三次在统考中排名倒数第一，其中一次与上一个名次的积分仅0.1分之差，与第一名也只有2.3分之差。"学校先要他公开检讨，马老师表示"在事关饭碗的分数面前我坚持我的教学理念"而拒绝检讨，于是，就被勒令"停岗"。后来，马老师向报社反映得到舆论支持而复岗。2006年，他离开了曾给了他太多痛苦的学校，去了广东汕头的一所私立学校。

这自然不只是马老师个人的命运，它是一个具有典型性和象征性的"教育事件"。这是马老师反复追问的：为什么那些"只爱自己的饭碗和奖金，从不爱学生"的教师，那些以"死记硬背"教材和教参、"生硬灌输"知识为"看家本领"的、"混饭吃"的教师，那些不惜弄虚作假，成为"学生坏品德的教唆者"的教师，却都能成为"教育竞争"中的胜利者（《教师，叫我怎么尊敬你》），而"功底最深，人文素质最好，最有思想，最有教育良心，最受学生喜爱的教师"，却成了"所谓'教学绩效'最差的老师"，要被淘汰出局？（《真正的无私奉献——敢于教成倒数第一》）这里，最根本的原因，是我们的教育体制、教育评价标准与机制出了问题：尽管我们天天喊"素质教育"，但在实践中奉行的却是"应试教育"，"分数"才是教育评价的唯一指标——分，分，分，不仅是学生的命根，更是教师的命根。由此而制订的各种竞争规则,诸如"定期考核制""末位淘汰制"等,绝不是优胜劣汰,而是劣胜优汰,即所谓"劣币驱逐良币"。这样的评价标准与机制不变,我们的教育是永远走不出应试教育的魔障的。——写到这里,突然想到,前几天在报纸上看到一条消息:国务院决定将中小学教师的工资提高到与公务员工资同等的水平,并根据教师的"绩效"使其实现"多劳多得"。这自然是好事。但谈到"绩效",我又不免有些担心,想要追问:考量教师"绩效"的标准是什么?所谓"多劳",是什么样的"劳"?教育的"劳",不像工业生产中的"劳",单凭生产的数量和符合标准化要求的质量,就可以确定其"劳"的价值,但教师的教学质量是体现在活的人(作为教育对象的学生)身上的,衡量其价值,就有许多复杂的情况,是不能简单地以"多劳"为唯一标准的。除此以外,还要追问教师的"劳"是什么样的"劳",那些以剥夺学生和老师的生存空间和时间,摧残他们的身心为代价的"苦干"和弄虚作假的"巧干",难道是应该在"多劳多得"的名义下加以鼓励的吗?这也许是我的杞人之忧:如果教育评价的标准(实际的而不是口头的)和机制不变,这样的所谓按"绩效"计酬的分配方案,很可能走到我们设想的反面,成为新一轮的"劣币驱逐良币"。

我还要指出的是,正是这样的"劣币驱逐良币"的竞争机制,使得像马老师这样的"良师"处于极端孤立的境地。马老师在前面已有引述的《教师,叫我怎么尊敬你》一文里,有一段愤激的追问:"如果教师的家里没有一个书柜,或者有书柜但里面除了装了几本教材和教参外不再有什么;如果在麻将的'方阵战'中,有一支庞大的教师队伍;如果人们与教师共事,共过后却说:'最狡猾的是教师';如果去买菜,菜农说:'最斤斤计较、贪图便宜的是教师';如果一群人为私利辩护,其中最振振有词的是教师;如果一群人败露了丑行,其中把遮羞布找得最快最好的是教师;如果在讨好领导、剽窃论文中,手段最高明的是教师;如果真理被歪曲或强奸得使人们都忍无可忍,而最后一位表示愤慨的才是教师。教师,让我怎么尊敬你!"我想,任何多少了解中国教育现状的人,都会承认:这样的"劣师"比比皆是,且在实践中得到默认和纵容。这就是马老师们的生存环境,他们要洁身自好、坚守自己的教育理想和做人准则，就必然被视为"另类老师"（《真正的无私奉献——敢于教成倒数第一》），被其他教师群起而攻之。我们在前面说，一些教师将这些教师中的"堂吉珂德们"叫做"傻子"和"疯子"（马老师就曾被一些好心的老师认为"神经不大正常"），这还是客气的，有的教师径直就把他们当做"公敌"。这是一个更加严峻的现实：你要做一个"良师"（在我看来，不过是"合格的教师"）吗？你就要准备成为永远被教育同行侧目而视的"公敌"！

在极度孤立之下，马老师只好向他的学生倾诉，宣示自己的教育理念和理想，这出乎意料地获得了掌声和支持，却又出乎意料地产生了严重的后果：学生因为接受了他的教育思想，所作所为自然和现行教育规则发生冲突，尽管语文素质确有提高，考试分数却有所下降（不过比其他班少了几分）。这种状况不仅导致他被停岗，还让他收到了学生这样一封信："请您不要为期中考试的倒数第一而生气，我们大多数同学也很后悔。……我们不是说您的课讲得不好，倒是觉得您太放任学生了。……学语文还是要死记硬背，注释、翻译也要背，不能让读课外书占用过多的时间，对不做作业偷看课外书的学生给予相应的惩罚。也许我们的建议不符合您，不符合您那天在课堂上讲的那些振奋人心的话。但从小学到现在，我们受到家庭、学校、老师、亲人的影响，形成了以分数为目的的旧思想。——希望您能采纳我们的意见。如果不可取，请不要生气……"——马老师说："本文到这里，我似乎写不下去了，我真的不知道该说些什么。"（《掌声和掌声后的……》）面对学生的拒绝，我们除了感到无奈和无助，也真不知道该说什么了。

马老师只好、只有把希望寄托在对自己的孩子的教育上。他说："我常常为那些正在受教育的孩子们着急、忧虑和同情。但我人微言轻，改变不了什么。就算在我的班上，受大环境的裹挟，我对这几十个学生的解救也是极有限的。解救不了别人的孩子，总得解救自己的孩子吧。"于是，他写了《给我的孩子找到一条自救之路》，其实他是给自己的教育找一条自救之路。于是，他按自己的教育理念，在想象中给自己的孩子（实际上是所有的学生）提出了四个"不要在乎"："不要在乎分数，不要在乎老师是否喜欢你，不要在乎能否评上优等生,不要在乎别的学生的在乎。"于是,就可以"过得自由、充实、丰富,在大乐趣中有大意义"。他还写了篇《中等出优异》的文章,宣称"我希望我孩子的成绩只是中等,至多算个中等偏上",因为"中等生比优等生要少受一些应试教育的摧残,因而身心可能更健康些;要多一些属于自己的时间,因而兴趣和个性更有可能得到自由发展,而兴趣和个性是创造力之源"。——在我看来,这绝非愤激之言,是有教育学的依据的。我也经常对一些家长说,在小学和初中阶段,一些兴趣广泛、发展全面、成绩中等(最好中上)的孩子,到了高中或大学阶段反而会有一个大的爆发。但在现行教育体制下,这样的学生却有风险:很可能在"爆发"之前就被淘汰了。因此,马老师又不能不有所犹豫。他在另一篇《我该怎样教孩子》的文章里,这样写道:"根据我所信奉和秉持的教育理念及我所制订的教育计划,我会把我的孩子教得一点点地与她周围的孩子不同起来——她会好动,好想,好问;她会喜欢争论,喜欢审视,喜欢说'不';她会真诚爽直,个性鲜明,自主自重……而她周围的人呢?因为受着和她完全不同的教育,他们只能是……那么,我的孩子在将来的同代人中一定显得特别怪异。我不怕我的孩子吃苦,但我害怕她孤独,我深知孤独比吃苦可怕得多!"马老师谈到了鲁迅的《我们现在怎样做父亲》一文,他说:"作为一个'先觉醒了的父亲',我愿意如鲁迅期待的那样,自己背着'因袭的重担',肩住应试教育的'黑暗的闸门',解放自己的孩子,'放他们到宽阔光明的地方去,此后幸福地度日,合理地做人'。这样做了,却不免担心,在中国的现实社会里,孩子'合理地做人'了,但她能'幸福地度日'吗?"马老师这一问,让我倒抽一口冷气:我研究了、讲了一辈子的鲁迅,却从未想过这个问题。但这个问题却是每一个中国人、中国的家长、中国的老师必须面对与思考的!

可以说,马老师和马老师们就是在这样的近乎绝望的状态与心态下,坚守在他们的教育岗位上的。也许有人会认为这是不可思议的。但我确切地知道而且相信,马老师们又是自愿作出这样的选择的,并且无怨无悔。

这是为什么?

马老师回答说:"因为我爱呀!"

马老师说:"我的灵魂穿着一双草鞋。"他来自民间,是大地抚育的,因此,他永远爱他脚下的土地,爱他的父老乡亲,爱农民的孩子。他自知自己属于教育系统中的弱势群体,但如他所说:"弱者守弱而不自轻自贱。"他始终维护着一个教师的尊严,他说:"我赞美那些穿着草鞋的灵魂,并且以自己拥有了这样一个灵魂而骄傲!"(《穿着草鞋的灵魂》)在我的心目中,马老师和马老师们才是中国教育的脊梁和希望。

我要向他们脱帽致敬,并献上这篇小文。

钱理群
2008 年 12 月 29 日完稿于岁末

教学中的小智慧

追求课堂语言艺术的理想境界

教学是一门艺术，包括导入艺术、课堂结构艺术、掀高潮艺术、板书艺术，等等。这诸多艺术中，我认为有一个最重要的或者说最基本的艺术就是教师的语言艺术——课堂语言是其他教学艺术的显影剂和推动器。

我们可以把对一个教师的语言要求分为两个层次。规范、准确、条理清晰，为第一层次。但对于一个优秀教师，尤其是一个优秀的语文教师来说，仅达到这个层次是不够的，还须达到一个更高的境界，即贴切、生动、形象、幽默，富有启发性和美感。这是课堂语言艺术的理想境界。笔者结合自己的教学实际，拟从五个方面谈谈自己向这个理想境界涉足的点滴体会。

一、巧妙设喻

对教师来说，设喻就是拿学生熟悉的或易于理解的事物与学生不熟悉的或难于理解的事物沟通，从而启动学生的生活经验去感知它们之间的形似或神似（或形神兼似），让学生从这个"似"中产生对未知事物的顿悟。它是思维的桥梁，理解的捷径。好的文章，十之八九里面有一个或多个精妙的设喻；一堂好课，也应常有精妙的设喻。老舍的《小麻雀》中有这样一句话："他被人伤害，却还想依靠人。"这句话有较深刻的含义，如果教师只作抽象的讲析，初一的学生不容易听懂。笔者对这句话作了设喻讲解。我说："过去，农民租种地主的土地，明知是被剥削了，还要向地主富农说情希望能多租种一些。同样，穷人向富人借高利贷，明知有高息受了盘剥，却还百般说情希望能借到钱或多借一点。这就是'他被人伤害，却还想依靠。'这句话的含义。"这一设喻显然起到了化抽象为具体、化深为浅、化难为易的效果。初一新课文《秋魂》中有这样一段话："如果你种下的是莠子，秋天收获的定是一片杂草；如果你种下的是秕子，秋天收获的定是一把糟糠；……如果你种下的是甘蔗，秋天收获的定是蜜糖。"课后设计了这样一题："'人们啊，在你播种时最好想想秋天会有什么样的收获吧！'这句话给你什么启示？"学生面对这道题思考良久，仍回答不出。如果教师这时直接说出答案，学生也只能是不甚了了地接受，我不愿这样做，我试图在出示答案前为学生架起一个思维的过渡的桥梁。让学生思考一番后，我说："如果你今天种下的是懒惰，明天收获的将是贫穷；如果你今天种下的是虚伪，明天收获的将是背离；如果你今天种下的是真诚，明天收获的将是友情；如果你今天种下的是勤奋，明天收获的将是殷实。"这组排比句中的每一个分句，分别与原文构成一组组比喻句。这些比喻使本来模糊、隐蔽的答案一下子浮现并清晰起来。这时有学生作了这样的回答：它给我的启示是，只有勤奋工作、正派做人才能获得人生的充实和幸福。

可见，教师在讲课时巧妙设喻，能成功地化解学生思维的淤结，有效地清除学生理解上的障碍，极大地提高教学效率。

二、恰当类比

类比虽然有别于比喻，但就其使用的出发点而言，它们都是达到理解彼岸的桥梁。贴切、精要的类比，不是思维的脱缰，也不是学识的卖弄炫耀，而是必要的伸枝蔓节。如笔者在分析《观沧海》中"日月之行，若出其中；星汉灿烂，若出其里"两句所表现的作者的博大胸襟和豪迈的气概时，拿毛泽东《长征》中的"五岭逶迤腾细浪，乌蒙磅礴走泥丸"一句进行类比。再如，在教《什么是生态系统》时，笔者联系发生在我们周围的生态系统遭到破坏的有目共睹的事实，让一个较难理解的生态科学问题浅化为与我们每个人都切近的现实问题，使课文分析的效果事半功倍。如在分析葛朗台的吝啬时，类比严监生；在讲孔乙己时，类比范进；在上《继续保持艰苦奋斗的作风》时，联系到李自成失败的原因和郭沫若的《甲申三百年祭》等，都能起到帮助学生理解课文、加深印象的教学效果。

三、精要举例

举例子是一种把抽象事理形象化、清晰化的手段。如我在上刘基的《说虎》时，发现学生对"用力与用智，自用与用人"的意思不太明了，我便举了司马光孩提时急中生智砸破水缸救人的历史事例，生动地讲明了用力与用智的区别；用刘邦善用张良、萧何、韩信而得天下，项羽虽"力拔山兮气盖世"却因不善用人而失败的史实来说明自用与用人的区别。在解释"歧义"一词的意思时，我在黑板上写了三个字：不读了。然后问学生："这'不读了'是什么意思？"有的学生说是再不读书了；有的学生说是停下来不读。于是我水到渠成地总结说："'不读了'有两种理解，一是离开学校不当学生了；二是停止读书的声音。像这种一句话能够产生多种不同理解的现象，就叫歧义。"又如在讲"兔死狗烹"词义时，列举朱元璋火烧功臣楼的故事……

可见，精当的举例就像一滴显影剂，能够一下子清晰朦胧、模糊的抽象概念和事理。

四、幽默激趣

教师幽默的语言，不仅有助于学生对课堂内容的理解，而且能够加深学生对知识的印象，还能消厌解乏，活跃教室气氛，增添教师魅力。

　　有一次，我在解释"声色俱厉"这个成语时，突然绷起脸大吼一声："听着！"起初学生一惊，莫名其妙地望着我。这时我指着自己的脸说："这就是'声色俱厉'。"随着学生的领悟，教室里发出阵阵笑声，我也忍不住笑起来，并且边笑边指着自己的脸说："这就不是声色俱厉，而是笑容可掬了。"学生又笑。

　　有一次，上王安石的《书湖阴先生壁》，在分析最后一句"两山排闼送青来"时，我说："同学们，这里作者将茅庭前的两座青山拟人化了，它们见到湖阴先生的庭院这般幽静、干净、美丽，也想进来看看、坐坐，且心情迫切，来不及敲门便破门而入。"刚好讲到这里，下课铃响了，我接着说："同学们，你们可能也想去湖阴先生家里看看吧，刚好，现在下课了，你们去吧。"

　　如果教师在批评学生的时候，运用幽默语言，则效果和意义更妙。有个学生在黑板上答题时，把"臭"字写掉了"自"中的一横。我说："你以为把'臭'字少写一横就变香了，实际上只能更臭。"等同学们笑过后，我又说："作为一名初三的学生，把简单的字写错，实在不应该。今后，你走入社会，别人看见你把臭字都会写错，就会瞧不起你，你在人家的眼里就真的有点'臭'了。"这番话既有情趣又有训诫，让学生在笑声中产生警觉。

五、化用添彩

　　化用就是在特定的语言环境中对名言、警句、俗语、成语等进行灵活、巧妙地变用。与机械地引用原句相比，它不仅避免了语言的呆板、陈旧，而且能够产生贴切、生动、新颖、幽默的表达效果。如新课文《我儿子一家》中的"守桌待诗"以及《花季雨季》中的"分不在高，及格就行；学不在深，作弊则灵。"均为灵巧化用的好例。笔者在教育学生要多观察生活多积累素材时,在列举了著名作家为收集素材而深入生活的事例后说:"'作家难为无材之写',何况你们还只是中学生……"我在劝导学生要热爱知识以学为乐时说:"要'学海无涯乐作舟'。"在批评有的学生字写得太快太潦草时说:"横也匆匆,竖也匆匆……"

可见,灵活的化用也不失为为语言增添光彩的又一良方。

语言之于教师,犹如眼睛之于射手,嗓子之于歌唱家,其重要性值得每一位老师花大力气去学习和训练。但语言艺术的问题,并不是一个纯技术的问题——没有知识搭造的广阔天空,就不会有语言的恣意翱翔。我们只有不断学习,广泛阅读,勤于并善于积累,在实践中有屡屡训练和渐渐提高,才能到达或接近教师语言艺术的理想境界。

作者介绍
——不可忽视的契机和资源

　　语文教学中的"作者介绍",一般都被老师们作为教学程序中例行的一个点到即止的环节。即使有所重视,也只是出于对试卷中可能出现的 2 分左右的文学常识题的功利考虑。在这种考虑下,无非是讲讲作者所处的时代所占的文学或社会地位以及代表作的名称而已。

　　工具性与人文性的统一是语文学科的基本特征。它的人文内涵则是由课文中的人物形象、情感倾向和主题思想等确定的,而课文是作者写的。风格即人。一般来说,有什么样的作者就有什么样的作品,反之,是什么样的作品就能看出作者是什么样的人。也就是说,课文的教育价值和人文含量是与其作者的道德力量和人格魅力相统一的。忽略了作者本人的道德力量和人格魅力对凸显课文的人文教育功能的辅助作用,就是对教育契机的错失和对教育资源的浪费。

　　上《背影》或《春》时,不妨讲讲朱自清宁愿挨饿也不接受美国救济粮的民族气节。

　　上《再寄小读者》或《小桔灯》时,不妨讲讲冰心一生信奉的"爱的哲学"。

　　上《我的信念》时,不妨讲讲居里夫人在几十吨矿石中提炼出一克镭的恒心和毅力。

上《黑骏马》时，不妨讲讲张承志在拜金主义盛行的当世对精神家园的顽强坚守。

上托尔斯泰的作品时，不妨讲讲他晚年的平民化生活及他最后的出走。

上《丑小鸭》或《海的女儿》时，不妨讲讲安徒生外貌的丑陋、年轻时当演员的理想和这一理想破灭后转而在文学上的努力和成功。

上《筑路》和《我与地坛》时，不妨讲讲奥斯特洛夫斯基和史铁生的残疾，以凸显他们身残后与命运抗争的顽强和坚韧。

上《醉翁亭记》《海燕》和《大自然的启示》时，不妨讲讲欧阳修的以荻为笔、以地为纸和他的"三上"（马上、枕上、厕上）精神；讲讲高尔基早年的学徒和流浪汉生活；讲讲松下幸之助的小学四年级学历和从一个3人的小作坊起步发展成为拥有职工2.5万人的世界电器之王的经历。

上《欧也妮·葛朗台》时，不妨讲讲巴尔扎克以喝黑咖啡提神来坚持每天写作18个小时的惊人勤奋。

上《我的母亲》时，不妨讲讲胡适处世时"在有疑处不疑"的温和、宽容的性情和在面对真理和学术问题时"在不疑处有疑"的较真的品德。

上《福楼拜家里的星期天》时，不妨讲讲莫泊桑在福楼拜的指导下，经过长期而严格的练笔后一鸣惊人的故事，让学生看到成名之人拥有鲜花和掌声背后所付出的大量的心血和汗水。

……

而对那些道德力量和人格魅力格外突出的作者，我们不妨多花点时间展开来讲。笔者曾这样做过——

在介绍鲁迅时，还讲到了周作人，既通过对比彰显了鲁迅的高大，也告诫了学生在大是大非问题上要保持清醒和坚定。

在上《再塑生命》时，除了介绍海伦·凯勒在又瞎又聋又哑的遭遇下所取得的文化成就外，还找来她的《假如给我三天光明》一文念给学生听，以教育学生懂得珍惜自己所拥有的。

在上雨果的《给巴特勒上校的一封信》时，除了介绍雨果因发表激烈反对路易·拿破仑称帝的言论而遭流放外，还展开讲到了左拉因为德雷菲斯被捕事件给总统福尔的公开信《我控诉》，以及罗素因发表反战文章和反对英国制造核武器而先后三次被捕的事，以凸显他们作为具有人类良知的知识分子的高贵和他们在真理面前不屈不挠的可敬可佩。

在上《桃花源记》时，除讲了陶渊明的辞官归隐和他的"采菊东篱下，悠然见南山"的田园生活外，还提到了美国的梭罗及他的《瓦尔登湖》等。

上《组歌》一文介绍作者纪伯伦时，我着重讲到了一位美国校长对贫困而有艺术天才的纪伯伦的资助，由此展开讲到了梅克夫人对柴可夫斯基的资助。

当然，在"作者介绍"上讲得过多展得过开，也会让人生卖弄之嫌，甚至生离题之虞，也是不可取的。

常 把自己带进课堂

语文课上得单调沉闷，我以为其主要原因可以概括为：见书不见生活；见书不见人；见书不见情。这里所说的书是指教科书及教辅资料，这里所说的"生活""人""情"，是指在那些心中只有应试的教育者看来无它不为缺、有它无大益的东西。但一个睿智的教育者心中装的更多的是生活、人、情，而不是分数。如何让语文课堂中有生活有人有情，途径和方法是多样的，但我以为教者把自己带进课堂不失为一种更为有效的方法。

讲课时，是免不了要举例要引申要旁征博引的。这样做时，老师们往往习惯于在名人伟人的经历、言行中找帮助。这"找"中很有一部分就是舍近求远的自找麻烦和浪费资源——其实，从你身边的人或你自己身上就能获得帮助。

著名教育家于漪先生在她的一篇文章（载《人民教育》2004年第7期）中讲述了她教《最后一课》时的某些环节。她说，她在学生朗读和讨论后向学生讲了自己在抗战时的一段亲身经历——"日本侵略者的铁蹄长驱直入，家乡的小学即将解散，音乐老师教我们唱《苏武牧羊》：'苏武留胡节不辱，雪地又冰天，苦忍十九年……'教师用'心'唱歌，唤起了我们幼小心灵的觉醒。从此，这首歌不断在我胸中激荡，构成了我生命的一部分。"于老师说，她讲的时候，学生都屏息凝神，仿佛他们都走进了50多年前的那所小学中。这堂课就是因教者自身经历的介入，而掀起了师生情感的高潮，成为这堂课的亮点之一。

笔者在课堂上从不吝啬于向学生交出"自我"，且深深体味了这"交出"后的好处。作为一个身有残疾的教师，在讲海伦·凯勒、奥斯特洛夫斯基、史铁生的文章时，我总是不忘向学生讲述我从这些作者身上所获得的力量以及他们对我人生的影响。每接手一届新的学生，在向他们讲鲁迅时我都要向他们讲到我1989年去上海鲁迅故居参观时，受到一个卖西瓜的小伙子奚落的情景。那天，我好不容易找到鲁迅故居所在的那个胡同，在胡同口坐着一个卖西瓜的青年。那时，我口渴了，就坐下来买西瓜吃，准备歇息一下让精神恢复后以几分奕奕神采去拜见大师。小伙子见我是外地人，问我："你是哪里来的？"我说："从湖北来的。""从湖北来上海做什么？""参观鲁迅故居。""你大老远地从湖北来就为了参观鲁迅故居？！"他一脸惊讶，瞪着眼像看一个怪物。"是的。"我点头。他接着不断地摇头："就几间空房子有什么好看的！鲁迅值几个钱？现在的正经事就是如何挣钱，挣钱了去国外，这就是前途。"我没想到一个卖西瓜的小伙子竟然这么健谈，更没想到我在鲁迅的家门口受到了这样一番教训。我向学生讲述这番经历的目的，是为了表达我对拜金主义世风盛行的忧虑，是为了告诫学生：人不能只为物欲活着，一个不懂得尊敬和缅怀伟人的民族是一个可悲的民族。

在上《送东阳马生序》时，我也讲到了自己的一番经历。我说："我父母都是没读过多少书的农民，家里根本没藏书，而且很穷。嗜书的早期，与宋濂一样，书都是借来的。跟宋濂不同的是，我并不是每本书都还的——估计借主是个不在乎书的人，只要他不讨要就不还了。至今我的书柜中还有好几本这种借而不还的书。"我说："我曾几次到山上砍柴卖给村里的窑场，换了钱后去买书，曾几次到沟或塘里打鱼卖了后去买书。"我说:"我当民办教师时参加了中文专科函授学习。暑假时到市里集中面授,为了节约每晚2元的住宿费,我好几次拿了几张废报纸铺在教学楼楼顶上睡。早晨起来,发现身上到处被咬得斑斑点点,为城市饥饿的蚊蚋贡献了不少的美味佳肴。"名人伟人们爱书惜书勤学苦学的例子是很多的,但我觉得都不如我自己的现身说法来得有效。我自身的这些事情肯定给了学生更真实更感性更亲切的感受,他们听起来更容易感动也一定更难忘。

前不久,我在上胡适的《我的母亲》时,讲到了我母亲的性格和品质以及她对我的深刻影响,讲述了我母亲给我印象最深的几件事,还向学生朗读了我自己回忆母亲的一篇散文。当我朗读到我母亲临终时使劲捏着我的手对我嘱咐时,我哽咽了。我停住,想让感情镇静一下后再继续往下读,就在这时,我听到了讲台下的一片哭泣声……

赞科夫在他的《和教师谈话》中提醒老师们:"不要忘了学生本身的生活。"我在这里提醒各位同人:"不要忘了你自己的生活。"在课堂上向学生交出"自我",不仅为帮助学生理解课文内容提供了真实可感的例证,也引发了学生的好奇心(了解老师是每个学生或显或隐的内心愿望),也滋生了学生对老师的亲切感(这是一个师生心灵融合的过程,可能从此你就被学生视为一个可以与他们交心谈心的朋友了),更重要的是——让课文的人文教育功能在教师的现身说法下体现得更为充分。

每个教师的经历不同,人生际遇各异,因此适合向学生交出"自我"的场合也各不相同——有的适合在这堂课上交,有的适合在那堂课上交,但总有需要你把自己交出去的时候。尽管每个教师身上都不缺少这种利用起来很方便的资源,但这种资源在每个教师身上肯定也存在量与质的差别。量的多少和质的优劣,就取决于各人的人生经历和人格力量的状况了。

二 教《我的母亲》

　　我说不清楚，最初是什么机缘让我走近胡适先生的。我只记得，8年前，即2001年的暑假，我至少有半个月的时间天天读胡适的作品和有关胡适的评论，然后写了一篇长文——《大无大有胡适之》。从此以后，无论我在什么地方看到胡适或有关胡适的文章，我都会饶有兴趣地读起来。随着对胡适了解的深入，我越来越强烈地感觉到胡适在做人——无论是做平凡的人还是做不一般的人上的楷模作用和在我们民族真正进步（注意：是"真正进步"）上的指导作用。——只有那些在较大的程度上了解了胡适的人，才可能真正理解我的这句话。

　　后来，当我看到钱理群教授的"向青年学生讲述我的鲁迅观，这是我做了几十年的梦"这句话时，我的心中立刻涌现了这样一句话："向更多的学生讲述他们不解或少解或误解的胡适，这是我的梦"。

　　五年前，我教初二的语文。开学初，当我打开新教材的时候，在目录上看到了胡适的名字——这是我第一次在中学教材上看到他的名字。"教材越编越好了。""中国的确在进步。""让我们的下一代知道并了解胡适是民族进步的大需要。"我在教材上看到胡适的名字的那一刻惊喜地想到了这些。

　　这篇课文的题目是《我的母亲》，当我看了一段内容后，知道这是我过去在他的《四十自述》中看过的，也就知道这个文题是编者加的了。没待把课文读完，我就开始看课下注释中对作者的介绍——可能再没有哪篇课文的作者介绍能像这篇课文这样引起我的关注了。我看到的就是这样一些字样："选自《胡适自传》（黄山书社，1986年版）。胡适（1891～1962），字适之，安徽绩溪人，学者。"我又看了一遍，的确是这样，不多一字，不少一字。"学者。"多么简洁明了，又多么轻飘模糊！我看着"学者"两个字，一边轻轻地摇头一边在心里嘀咕："如果有人说我马一舜是学者，大概也算说得过去的。真吝啬，吝啬得'学者'前'著名'两个字都不给。"此时，我自然想到了几乎妇孺皆知的人们对鲁迅的评价："革命家、思想家、文学家……主将……方向"等。差别太大了，太不公平了！但我的思维很快又回到了正面：从批判胡适到教材中选他的文章，这不能不算是一个大的进步；我怎能一定要它进步得如我所希望的那样快呢？

　　因为是胡适先生的文章，因为我对胡适怀有太多太大的敬意，我把这篇课文备得非常认真教得十分投入。走进教室，我说了这样一段导语："同学们，有一个人的名字在中学语文教材中的出现，令我非常高兴。这个名字就是——胡适。让学生通过学习他的作品而了解他走进他，我认为是一件很有意义的事情。今天……"

　　这篇课文的最后一段，胡适写到了母亲对他的一生的深刻影响。我在分析这一段时，讲到了我的母亲对我的影响——我向学生念了我几年前写的一篇散文《走不出母亲的人》，其时我的母亲去世还不到一个月。我是在多次哽咽和泪水迷蒙中念完了这篇散文。好多学生都陪着我一起流泪。

　　就在上完这篇课文后不久的一次教师聚会上，我兴致勃勃地谈起了胡适，其中只有一个老师能勉强应对我的谈话。又过了两年，我在餐桌上与一位老师谈起了胡适，话题是从鲁迅开始的。我说："今后胡适在历史上的地位肯定要比鲁迅更重要。"他说："还有这么个人？还比鲁迅重要？胡适？我怎么没听说过。"他中文专科毕业，时任初三重点班的语文老师。他当时的确大为惊讶,也的确说了上述的话。——我没有虚构和夸张。

一年多后,我从湖北的一所乡镇中学到了汕头的一所名牌中学。初到,新学校的领导安排我教初二的语文。到了初二下学期开学初,我打开教材看目录,仍有胡适先生的《我的母亲》,我赶快翻到第13页看课下注释①。"选自《胡适自传》(黄山书社,1986年版)。胡适(1891~1962),字适之,安徽绩溪人,学者。"仍是这些字样,与两年前的一样,不多一字,不少一字。

这一次,我设计了这样一段导语:"如果有人问我:在中国现代文化史上你最崇拜的名人是谁?我会毫不犹豫地说:'胡适';如果有人要我在鲁迅与胡适中选择一个我更敬重的人,我会毫不犹豫地选择胡适;如果有人问我:哪个文人的性情和人品最令你景仰?我会毫不犹豫地回答:'胡适'。"在第三周的初二语文备课组会议上,我鼓了一下勇气,说了我对《我的母亲》的注释①的不满。我的发言没有得到其他老师的响应,但主管教学的副校长却点了一下头说了一个"是"。就是这个"是",让我激动了好一阵子,确有知音难得今日偶得之喜,确有今日终得一所好学校之幸。

不久,组长安排我出第一单元的测试卷。我出的第三题是文学常识填空,其中的第二小题是这样的:《我的母亲》的作者____,他早年积极提倡_____,他和鲁迅一样是新文化运动的又一面_____。

接下来的语文备课组会议的主要内容是讨论我出的试卷。有老师说:"胡适是新文化运动的又一面旗手,教参上并没有这样说。你在班上这样讲了,别的老师可能都没讲,没讲的班上的学生都不会做。大多数学生都不会做的题恐怕不适合来考。"我把目光盯着上次因说了一个"是"而让我暗中奉为知己的副校长,他开口了:"你说,胡适是除鲁迅之外的新文化运动的又一面旗手,事实的确是这样;但这个观点似乎官方并没有很正式地认可,考试题还是要力求规范准确。"

于是,我只得把这道题改为:《我的母亲》的作者____,他早年积极提倡_____,他是我国第一部新诗集_____的作者。我想:胡适早年提倡白话文并写了第一部新诗集,这是铁板钉钉的事,不会再有人说无定论不规范了吧。不料,试卷在最后定稿时,这道题却被组长改为:《藤野先生》的作者是____,它选自于_____。他做这番修改的理由是:胡适没有鲁迅重要,以后期末考和中考考胡适的可能性很小。呜呼!我……

今年,我又教初二的语文。前天,我第三次给学生上胡适的《我的母亲》。打开新教材,尽管我发现更换了两篇课文,有两篇课文还在个别地方作了点改动,但胡适先生的《我的母亲》的课下注释①仍然是:"选自《胡适自传》(黄山书社,1986年版)。胡适(1891～1962),字适之,安徽绩溪人,学者。"——不多一字,不少一字。

这次,我忍不住当着学生的面倾泻了我的不满,我说:"这个介绍太简单太低太冷太不公平了,对比我们给鲁迅的'革命家、思想家、文学家''主将''方向'等高评价,显得尤为不公。说胡适是思想家是政论家是教育家,没有一个是他不配的,说他是哲学家是诗人,也并不过分,最低也应在'学者'前面加上'著名'两个字吧!……"

在讲到母亲的善良和仁慈对胡适的影响时,我讲到了胡适对李敖、林语堂、陈独秀、汪静之等的慷慨资助和他对罗尔纲的态度;在讲到母亲的隐忍和宽容对胡适的影响时,我讲到了鲁迅对他的攻讦和他对鲁迅的公正的评价;在讲到母亲的刚气对胡适的影响时,我讲到了他在澄衷学堂读书时,为了班上一个被开除的同学,他以班长的资格向校长提出抗议,还讲到蒋介石对他的礼遇和他多次对蒋的公开严厉的批评。

接着,我向学生念了罗尔纲先生在《师门五年记》中的一段话:"我还不曾见过如此的一个厚德君子之风,抱热诚以鼓舞人,怀谦虚以礼下人,存慈爱以体恤人;使我置身其中,感觉到一种奋发的、淳厚的有如融融的春日般的安慰。"我还向学生念了周汝昌先生一段话:"在我五六十年来有幸接触交往的许多位鸿儒硕学中,其为人的气度气象，胸襟视野，我感到唯有胡适之先生称得上一个'大'字。"

在我的备课本上还抄有唐德刚先生的一段话："胡适之有一种西方人所说的'磁性人格'，这种人格非我国文字里什么'平易近人''和蔼可亲'等形容词所能概括得了的。有这种禀赋的人，他在人类群居生活中所发生的社会作用，恍如物理界带有磁性的物体所发生的磁场。它在社会上所发生引力的幅度之大小，端视其在社会中影响力之高低；影响力愈高，则幅度愈大。"

我之所以没有向学生念唐德刚先生的这段话，是因为下课铃响了。我知道，按看常规课的眼光来看我的这节课，是多少有点牵强和过头了的；但为了向学生讲述"他们不解或少解或误解的胡适"，我哪还顾得了这些！

就算这样过头地讲，又能生出多大的影响呢？

纵然影响不大，我还是愿意多讲——多讲我崇敬的胡先生——胡适先生！

教学中,我是怎样"偷懒"的

我以前教了几年小学,后来又教了几年中学,十多年的从教生涯中记得只在七八年前评上过一次"积极分子"。近年来,反而离这个荣誉越来越远,在教学中我喜欢偷懒不能不说是原因之一。

就拿备课来说。学校是很重视备课的,不仅要求节节课有教案,且教案还不能太简略,教学目的、重点、难点、课时安排、教学过程、板书设计、练习设计等,要一应俱全。但我备课,常常不写教学目的和重点难点。因为在我看来,一个教师只要看了一遍课文,就应该把这篇课文的目的要求和重点难点了然于心,否则就不配做教师,至少不是一个合格的教师(新手除外),自己以前教过多遍的课文,就更不用说了。写这些烂熟于心的东西不如把时间多放点在教学过程——面对学生的实际操作上。另外,不太重要的或自己太熟悉教法的课文,我干脆不备,与其走过场似地做一回抄写员,不如利用这个时间多改几本作业或多看一篇语文报刊上的教研论文或看一篇有价值的文学作品(当然,做到两全其美并非不能;但我是个理智不足的人,明知形式需要迁就却就是不愿意迁就)。因此,我的备课总是不大合格的,常常遭到领导不点名的批评,偶尔还遭点名的批评。

在中学,生字词的教学尽管不如小学时那么重要,但也忽略不得。许多老师把生字一笔一画地、把生词按词典的注释一字不差地板书在黑板上，要学生读和抄。我教生字词时，却不这么正儿八经：我只轮流地点一名学生上讲台板书生字并注音，然后由他或她领其他学生读1~2遍，我只站在旁边改错字正误音。我很少在黑板上注释生词，我只是讲，让学生听，必要时让学生边听边记。当然我对有些词的解释在字面上与词典的解释并非完全一致，但意思相同，然后点名让学生复述我刚才的口头解释，接着我或肯定或更正或补充或强调。我的学生遇到考卷上的词语解释题，总有一些答得不十分准确，我知道，这不怪学生就怪自己懒。要是我也像其他老师那样一字不漏地板书后要学生抄，抄了背，学生答起来当然会准确，当然不会与正确答案有出入。但有些失分既怪不得我也怪不得学生，学生尽管答得与正确答案不完全一致，但意思是对的，却被太死板的老师判了"×"。

学生要做作业了，我也懒得自己动脑筋出题，也很少要学生做别人出的（各种资料上）题，而是让学生也过过出题考别人的瘾。方法是这样的：首先要每个学生在教材中各挖掘出一道题（前提是不得抄袭任何人的题），接着要几个学生把他们出的题板书在黑板上，然后由我评：哪些题出得好，好在哪里，哪些题出得差，差在哪里，并同时指出他们书写和格式上的问题，接着我在他们的题上作些删减和增补，最后吩咐学生拿出作业本做黑板上的题。

作文的批改评讲是最令语文老师头疼的，这么麻烦的事，我当然更要偷懒。方法是：学生把作文写好后相互交换作文本，接下来按我的要求互相批改，要求有眉批尾批，批语要从字迹、标点、格式、语句、结构、细节、主题等方面进行评价。之后，我利用一节课（或早晚自习）时间，从上中下三类作文中各抽3~4篇（轮流抽），要这些作文的批改者登台朗读。其他同学认真听后在各自专门写作文评语的笔记上写下自己的评语，待朗读者把自己的评语念出后，其他同学举手对该评语提出不同意见。其后，是老师的评价：哪些评语恰当哪些评语不当，漏掉了什么该评的地方，习作者应当注意什么……当然，这之前老师必须把这些作文翻看一遍——偷懒是有限度的。

学生在作文前，是需要老师出题的，而我却常常懒得出题，只是限个大范围，让学生自己去定题，让他们写自己最愿意写的题目，说自己最想说的话。

对有些命题作文，学生十分犯难，觉得无话可写，我也懒得篇篇作指点和开导，有时干脆把他们放出校门，让他们到外面去找材料，想看什么就看什么，想记什么就什么，想问什么就问什么。

喜欢偷懒的人一般得不到好：领导对你有看法，考试的结果有时也不太好（学生身上越是重要的素质和能力越是难以考出来），于是奖金也拿得少。某天翻看《杂文报》（第1027期），一个标题入眼——《偷懒》，不觉兴趣盎然地读起来。上面有这样一段话："人类动机研究者布莱恩说过，最优秀的工人，无一例外地都是懒汉，懒得连一个多余的动作都不愿做。"看到这里，我不免窃喜——如果把这句话推到教师身上，我不就成最优秀的教师了？"最优秀？"不敢当，似乎也不想当。我只希望少受点批评，多一些肯定；只希望老师们都多一些智慧的偷懒，少一些愚蠢的勤奋。

少点归纳，多点阅读

  外出听一位据说很有教研能力的老师的示范课，他指着黑板上的名句"生命之树常青"说："这是个缩喻句。""缩喻？"我孤陋寡闻，还是第一次听到这个名词。他或许是从某本书上看来的，也或许是他自创的。但无论怎样，我都觉得没必要取这个名字，更不需要跟学生讲起它。不就是暗喻吗？何必又取个别的名字来给学生的记忆添乱呢？

  一次，听本校一位地级骨干教师上示范课。在这堂给初二学生上的作文指导课上，他大讲作文的纵式结构和横式结构。我作为一名听课的教师，都没有搞清楚何为纵式结构、何为横式结构，至于学生，当然就更糊涂了。其实，对初中生讲文章的结构，涉及总分式、总分总式、并列式，时间顺序、空间顺序、逻辑顺序等这几种结构形式就行了，何必搬出"横式"和"纵式"来糊弄学生——其结果只能是糊弄学生。

  去年，我校另一位骨干教师去省里听了几节特级教师的课，回来后移植了一节给我们。特级教师的做法让我们耳目一新，尤其是让我们听到了一个闻所未闻的新名词——三列式。何为"三列式"？原来就是由三个分句组成的排比句。他讲的是培根的《论求知》，该文中确实有几个由三个分句组成的排比句。即使这样，我们又有什么必要给它取个三列式的名字呢？这么取来，四个分句的排比句，不叫四列句吗？五个分句的排比句，不叫五列句吗？……这样的归纳只会给学生的记忆添乱，肯定会有一部分学生以为三列式是个不同于排比句的什么新东西。

前天，学校领导为提高老师们的教学水平，特地从城里的一所重点中学请来了几位教苑高手给我们传经送宝。语文老师上的是一堂关于句式仿写的课。上课伊始，他说："句式仿写中的'仿'主要靠联想。"这句话我能听懂，且觉得说得好。但他接着说："联想的关键是找到生长点。"这句话让我犯傻了。于是我更认真地听、更聚精会神地想。不料，他讲了几分钟的"生长点"，我还是弄不懂"生长点"生在哪里怎么长的。

接着他讲到对《还乡梦》中一段话的仿写："无奈当时'四人帮'指鹿为马，焚书坑儒，九亿神州，惨遭浩劫。但在那风雨如晦的时刻，各地建设依旧屹立人间，光辉夺目。"这段话中有一系列由四个字组成的成语或短语。这老师总结说："这叫'四字格'。"并强调要学生记住这"四字格"的句式特点。

接着他讲到对下面两个句子的仿写："嫩绿色的绒线上衣，咖啡色的西裤，宛如春天早晨一株亭亭玉立的小树。""那是力争上游的一种树。笔直的干，笔直的枝。"他在"上衣""西裤""小树""树""干""枝"下面打上着重号，并说："这些词都是名词，我们把这样的句子叫'名词句'。"接着还讲到了"动词句""形容词句"。

我边听课边想：句式的仿写无非是让学生阅读了被仿写句（例句）后，揣摩出它的结构特点或表达特点，然后照这个特点写个新句子罢了，何必给这些句式取这么多名字呢？语言的句式千姿百态、林林总总，你取得尽吗？上帝造了亚当后，然后就照着他的样子造了夏娃，但并不是把"头发""额角""鼻子""嘴""下巴""手""脚"……等名称一一取就后再造的。

以上这些老师都有归纳癖、取名癖。他们的动机，我想可能有二：一是为了从现象中找规律，便于学生掌握（真正能梳理知识、明晰思路、便于记忆的归纳是必要的）；二是为了显示自己的创新能力。实际上，他们的所谓归纳大多是节外生枝、混淆视听；所谓创新不过是画蛇添足、东施效颦。其效果是把简单的问题变复杂，把明晰的记忆变混乱；让学生被各种各样的新名词新概念搅得头昏脑涨、迷迷糊糊。严重点说，把本来聪明的孩子都教愚蠢了。

洪镇涛先生早就说过：语文教学是学语言，不是研究语言。语言怎么学？不是靠支离破碎的分析和五花八门的归纳，应主要靠阅读——在大量的阅读中去感受、体味、揣摩、领悟。许多作家从未学过语法，却是语言大师，从未学过写小说，却写出了世界名著，这些现象就充分证明了这一点。昨天看《中国教育报》，看到记者与著名作家王安忆的谈话录。王安忆说："汉语是一门非常好的语言，但是它又很难经过归纳一板一眼地教给学生，关键还是要靠阅读，大量的阅读。"名人们谈教育的睿智之言是不少的，我们也记取了一些（如"读书百遍，其意自见""熟读唐诗三百首，不会写诗也会吟"等等）。但有些老师做起来总是不得要领，甚至背道而驰。

老师，你还是少来点归纳和"创造"吧；教书够累的，你还是多休息会儿，让学生自己去读吧。

我教《雪》之得失

学校安排我和何益秀老师,就鲁迅先生的散文诗《雪》上一次同题探索课。上完后,我的心里颇不宁静。这不宁静来自于我对这堂课的不满意,来自于对这堂课的反思中所意识到的种种缺憾。但是,作为一个已从教20多年且自以为算不得太差的语文老师,这堂课中也确实存在一些难以否定的优点。因此,我的这篇教学后记就从得与失两个方面来谈谈。

还是先谈谈"得"吧——

我的导语是很随意的,一点都不精彩;但这个平淡的导语中却是藏了一点机杼的。这机杼就是通过故意说错(故意把鲁迅的《雪》说成是"又一篇选自《朝花夕拾》中的散文")来检测学生是否按老师的要求进行了必要的预习,也让学生对《雪》是选自《朝花夕拾》还是选自《野草》、是散文还是散文诗这两个容易混淆的知识点留下了较深刻的印象。

导入后,我顺便对学生讲了散文诗的特点。在这里出现了一个让我稍感得意的教学环节:我向学生讲到了我在初二语文配套练习《动态新课程》中发现的一处错误。这本配套练习的第19页,在介绍散文诗的特点时有这样一段话:"散文诗,它既有诗歌的特点,讲究押韵和节奏；又有散文的特点，比较有气势。"我认为这个观点是错误的，因为散文最突出的特点是"形散而神不散"，而不是它所说的"有气势"。我对学生说："讲有气势，现代诗中的政治抒情诗比散文有气势得多，还有许多政论文像梁启超、陈独秀的不少名文以及《孟子》中的不少篇章也是很有气势的。"我之所以对这个教学环节感到得意，是因为我认为我的这一番话，不是在炫耀我见解的独到和语言的雄辩，而是在用这一事实让学生明了：书本和权威是不可迷信的，我是在培养学生的批评思维，是在培养学生带着"疑"字读书的可贵习惯。

面对一首散文诗，我是注意到了朗读教学的，尽管我对自己的朗读指导并不太满意，但我对朗读教学的重视和我在这方面的一些做法对一个刚上讲台的青年教师应该还是有点启发性的。我不仅点名让一男一女两个学生读了，还及时准确地指出了他们朗读中存在的问题，并及时给予了纠正和示范。我特别注重了朗读时对少数关键字词的处理和把握。我对第4、5、6三个自然段的范读是比较好的，读出了北方雪的蓬勃激昂的特征，赢得了学生的掌声，也得到了几位评课老师的肯定。

"作者是更喜欢南方的雪还是北方的雪？"我认为这是分析这篇课文时不可回避的一个问题，是进入揭示这篇文章主题的必经之路。但这是一个对初二的学生来说不能轻易弄懂的问题。如何让学生打心眼里信服鲁迅更为喜欢北方的雪，我在备课时是动了一番脑子的。我为"鲁迅更喜欢北方的雪"找到了三个理由：（1）第四段开头的"但是"这个转折连词，表露出作者感情的倾向性。这个"但是"是紧承第3段的遗憾之情而来的，说明作者以为北方的雪是能够弥补江南的雪的缺憾的。（2）从鲁迅的个性来判断。我们极容易从鲁迅的作品中尤其是他的杂文中读出一个斗士形象。我们公认鲁迅是思想文化战线上的一个孤独的不妥协的顽强的战士。他的这一斗士形象与北方的雪的张扬的个性是极为相似的。（3）钱理群教授曾在《心灵的探寻》一文中写到鲁迅在别的文章中曾明确地写到他不大喜爱江南的风景,认为她"秀气是秀气但太小气"。鲁迅还说过:"我以为北方的景象是伟大的。"我认为这三个理由是完全可以支撑这一判断的,我自以为找到这三个理由应不失为我这堂课的一个亮点。

课堂结构清晰,过渡自然,层层深入,也不失为这堂课的一个优点。我是最见不得层次混乱的课的,课堂结构清晰是我上课的一个最基本的目标。

下面该谈谈"失"了——

在分析江南的雪与北方的雪的象征意义时,不是通过教师的引导让学生的理解由模糊到清晰,而是在稍作引导学生不能回答时教者直接说出了,显得很匆忙很生硬。尽管让初二的学生理解到南、北方的雪的象征意义的确很困难,尽管在上鲁迅的作品时生硬灌输是一个很难避免的权宜之策,但怎么说也难以否定它是一个缺点。我在备课时不是没有意识到这一问题的难度,我也动脑筋想了,可惜没有找到好的法子,于是只好硬着头皮直接将其端出。在这一点上,何益秀老师比我做得要好。这说明,教好这一环节,不是没有法子,而是自己没能想出。

尽管朗读教学得到了听课老师的好评,但我自觉还不是很到位,朗读的形式显得比较单一(齐读占了大多数),完全可以用形式的多样化来凸显我在朗读教学上的优势。

评课时,卢佐兴老师说:"上课不能太紧张,要做到轻松自然,要把上课当做与学生共度的一段快乐时光。"言外之意是说我上课时显得有些紧张,不大轻松自然。这句话说得很中肯。尽管我有20多年教龄,公开课也上了几十次,但一遇有众多的老师听课我就免不了有些紧张,不能做到自然从容。我早就意识到这是我的一个大缺点,我也多次试图努力去改变它,但至今仍未有大的好转——我就是这样一个没出息的人。分析原因,既与心理素质差有关,也与在40分钟内安排的内容过多,担心上不完而总在赶时间有关。

为什么要把课上得这么赶呢？就不能把内容少安排点吗？这篇课文尽管篇幅不长，但由于它思想上的深度和理解上的难度，安排两个课时才能上得游刃有余；而我却总想着要尽可能地给听课的老师们展示一个比较完整的过程，既舍不得丢下前面也舍不得丢下后面，结果造成两头都没顾好。黄赐义老师在评课时说："给你的时间是一节课，你就要对教材的内容作大胆的独到的取舍。"我知道他是在批评我在内容的安排上的不理智。通过反思黄老师的这句话，我意识到其实我完全可以把这篇课文按照常态课的教法分成两个课时，任意选择第一课时或第二课时都是能教出彩的——教学内容上的不完整并不能减损一个教师的能耐。我希望青年教师记住我的这一教训：在时间不允许你把一篇课文的内容完整讲完的情况下，不要强求完整；课堂上每一个教学环节的讲好讲透、教态的轻松自如从容不迫比争分夺秒生拉硬拽而求得的完整要重要得多。

这堂课还有一些不足，请允许我不再赘述。

我最后要说的是：感谢各位评课老师真诚而中肯的指教。但愿我上述的得失对刚上讲台的青年同人们有所启示。

我的教学后记（选）

今天在上鲁迅先生的《"友邦惊诧"论》时，我要一名女生在黑板上把其中的反问句："摆什么惊诧的臭面孔？"改为陈述句。这位女生不仅未将句子改对，还把"臭"字中的两横写成了一横。我有些气愤，就顺口说了一句："你把一个'臭'字写掉一横并不能使你香起来，我看这只能使你越来越臭。"学生们大笑起来，我也笑了，为批评后的解恨，也为语言巧妙的得意。

第二节课，当我走进教室时，发现上节课被我批评的女生正伏在课桌上哭泣。我一打听，有学生说是因为下课后有个调皮的男生大声地喊了她几声"臭女伢子"。这使我想到了前不久我在办公室里听到的一位同事批评一名叫朱虎的同学的话："你一搞起学习来就像猪，你一调起皮来就像虎。"我当时就想：这样的批评妙则妙矣，只是太伤了学生的自尊。我自己何尝不是为了一时逞口舌之快，而罔顾学生的自尊和脸面？

（1997 年 5 月 22 日　星期二）

今天上《马说》，板书课题时，我故意把"马"字写得细长细长的（都有点像一根麻花了）。学生看到黑板上这个反常的"马"字，都笑了。我笑着问："这匹'马'瘦不瘦？"学生都大声地回答："瘦。""它为什么会这么瘦?"这一次就没人回答了。但过了一会儿,有个学生回答了:"因为它没吃饱。""对,这说明你很好地预习了课文。"我说,"那么,这马为什么吃不饱呢?是主人没有东西给它吃还是主人不愿给它吃?它吃饱与不吃饱会有什么不同的表现?作者只在写马吗,还是别有深意?这就是我们今天学习这篇课文要弄懂的问题。"

我为这种别开生面的导入感到高兴,甚至有几分得意地想:真是妙手偶得!但愿在今后的教学中多一些这样的导入。

(1999年11月12日　星期五)

学校决定在校园里竖几块警示牌,要我拟几条警语。我拟了这样几条:

1. 良好的习惯比一百分更重要。

2. 你扔下的垃圾正在地上诉说着你的丑陋。

3. ……

几天后,竖起来的警语牌上没一句是我拟的,而是这样的一些句子:"付出的汗水越多,收获的果实越甜。""增强环保意识,爱护花草树木。""奋斗,是生命中永恒的话题。"这些话在我看来实在是太陈旧、太大众、太空洞了。但有些人欣赏、喜欢的就是这些东西。我想了想,理解了他们。即使他们在内心里认同我写的那些话,但当想到这样的句子会给学生的学习带来消极影响时,也不会采用的。

(2003年5月5日　星期三)

上《五柳先生传》时,我向学生提了这样一个问题:"你是否喜欢五柳先生,为什么?"段志说:"他是个酒鬼,浪费钱。"刘欢说:"不大喜欢,他要向国家贡献出自己的才华,不能只凭自己的志趣而归隐。"吴玮说:"他忘怀得失,显得有点愚蠢。另外,他有酒就喝,喝了就走,显得不大礼貌。"

学生都能大胆说出自己的想法而不人云亦云,这令我高兴,这正是我在课堂上时刻注意培养他们的。吴玮的回答让我想得多一些。

(2003年11月18日　星期一)

这节课给学生们评讲试卷，试卷上有个课外阅读语段，名称是《母亲的名字》。我在分析一道题时，讲到了母爱的伟大，并想到了前不久在某本书上看到的一句话："上帝不能亲自到每个家庭，于是他创造了母亲。"

我发现，我在引用这句话的时候，学生听得非常认真，尤其是一个叫汪文的学生，她听着，怔怔地看着我。从表情上判断，她被这句话感动了，而且陷入了深思中。

我接着问："怎样理解这句话的意思？"很快就有学生回答："母亲就是上帝。"我说："你把这句话理解了，但变一个字更恰当些：'母亲就像上帝'，或者说'母亲是上帝的化身'。上帝是伟大的，母爱也是伟大的。"停了一会儿，我又说："上帝的力量是巨大的，母爱的力量也是巨大的，这种力量来自于什么？"很快有学生回答："来自爱。"我说："对！母亲也是女人，女人是柔弱的，因为爱，她强大了。"

过去，我常怪学生的理解力、分析力不够。看来，学生的理解力并不差，关键看你是否拨动了学生的心弦。很少有人不曾感受到过母爱，因此拨动这根弦，就能引起普遍的共鸣。我们分析过许多无关痛痒的甚至虚假的文章，学生当然要对它冷漠，甚至麻木，当然也就表现不出分析力来了。

（2004年3月24日　星期三）

上海伦·凯勒的《再塑生命》时，要学生仿照莎莉文老师解释什么叫"爱"的句子而另说一个句子。学生有各种不同然而却都不失规范的说法，只有一个叫邓率的学生，他的发言令师生哄然大笑，他说："'爱'就是大米给老鼠的感觉。"我边笑边说："你的回答很有创意。但不能给你好吃的就爱，为吃而爱不是真爱——这与其说是'爱'，不如说是'馋'。"学生又笑。

（2004年3月26日　星期五）

今天给学生上《汉乐府·罗敷》，在分析"使臣"这个人物形象时，有学生说他是个荒淫无耻的人，但坐在靠近讲台的小个子李威表示反对，他说："这不叫荒淫无耻，他当这么大的官难道不该搞几个（女人）？"他的声音并不大，但我却听得清清楚楚。我装着没听见，脸转向一边。下课了，我还在想李威说的一句话："他当这么大的官难道不该搞几个（女人）？"他的意思显然是说：官大了就应该胡搞。我陷入了沉思……

（2004 年 3 月 30 日　星期五）

今天给学生讲句式仿写，资料上有这么一题：要仿照泰戈尔的诗句"天空没有翅膀的痕迹，但我已经飞过"写一句话。绝大多数学生不知道怎么写，我为学生说了几个例句：

"头上没有成功的光环，但我奋斗过。"

"报上没有登载过他的事迹，但他的确是位英雄。"

"身上没有幸福的标志，但他的确爱过。"

（2004 年 4 月 19 日　星期五）

今天初三（1）班和三（8）班学生一起在多媒体教室上作文辅导课，由我主讲。

课的主题是"如何从材料中提炼观点（论点）"，侧重讲如何面对同一则材料从不同的角度提炼出不同的观点。我出示了一则材料，要学生提炼论点，有个学生的观点是用一句唐诗回答的："沉舟侧畔千帆过，病树前头万木春。"

我抓住这句诗问："这句诗的含义是什么？"

有学生说："是说长江后浪推前浪。"

有学生说："旧的不去，新的不来。"

有学生说："失败是成功之母。"

我接着说："还可不可以说，新事物是在旧事物衰亡的基础上发展起来的？"

学生都说："可以。"

于是，我水到渠成地说："你看，对于这个诗句，我们不是从不同的角度就有不同的理解吗?"

这个诗句的出现,以及对这个诗句含义的不同理解,是我备课时不曾预料到的,但它出现了,而且我抓住了它,并对它进行了很恰当、很有效地利用。这是我对这堂课最满意的地方。

这就是所谓的课堂的生成性吧。好的生成,对老师是一种出其不意的喜悦。但需要老师有功底、有机智、有驾驭能力。能力强的老师多一些享受,这也符合天道酬勤的铁律。

(2004年4月22日 星期四)

学校用一辆大车把初三各班共30多位老师拉到石首去改试卷,我被语文教研员安排为1组组长,并批改作文。

郑老师几次过来对改作文的教师说:"要放宽点。"所谓所宽点就是分数打高点。他看了我改的两篇作文后说:"还可高点。"但在我看来已经够高的了。

老师们都说:"尽量半天改完了算了,改完了下午去逛街。"于是,老师们都改得很快,当然也很毛(马虎)。我和另外几名批改作文的老师是平均不到半分钟改一篇作文。除了看字迹和篇幅,没有5篇以上的作文的内容在我头脑里留下印象。评分时的感觉,就像一个闭着眼睛的刽子手,根本不看眼前的人是男是女是老是少是高是矮是美是丑,只是一刺刀一刺刀地杀。

几篇在我头脑中留了些印象的作文是在开始改卷时(还未提速时)碰到的。我和张老师在统一给分标准时,他把他已看过了的一篇作文给我看,看我会给它多少分。这次质检Ⅱ语文科作文的题目是《春天》,这个学生在作文中说,他不喜欢春天,因为最疼爱他的、他最敬爱的奶奶是在今年春天逝去的。从奶奶死后,他再也不觉得鲜花美丽,不觉得阳光灿烂。我问张:"你给它多少分?"张说:"他写偏了,写春天应该写⋯⋯"他没说完,但我知道他的意思,他是说写春天就应该写生机写美丽写希望。他说,他想打25分,即总分50分的一半。他问我:"你说可以打多少分?"我说:"我至少给它38分。谁说写春天就一定要写生机、希望、喜悦？我就欣赏这个学生的不人云亦云。"

面对同样一篇作文，两个人所给的分数竟相差 13 分，分数如何能正确地衡量学生的学习和智力状况，分数如何能科学地评价一个教师的能力和工作状况？而在现实中，我们看待学生和评价老师的时候，无不以分数为标准。

在留有印象的不多的几篇作文中，其中有两篇给我的印象较深，待总分后就把它们带回来了。一篇题为《学校的春天》，文中写道："春天本来是生机勃勃的样子，但在我们学校，春天却是苦脑（恼）悲恨的样子，没有一点生机。我是这个学校的一员，但我在这个学校里却早已过不下去了，因为……我所读的和写的都使我感到不愿读不愿写。我们从来没有体育课、音乐课、美术课，更不用说电脑课了……我看不惯学校用那些虚伪的手段应付上上下下，每当上级要检查时就开始紧张起来，当来了射（摄）影机就开始打扫卫生……

另一篇作文显然是个女生写的，文中有这样几段话："突然，我似乎长大了，我发现我比班上的其他女生都聪明，我显然地讨厌起她们来了，特别是林风、郁宁，还有肖茵。林风像个乡巴佬，别看她穿的洋气，但言谈举止粗俗、轻浮，跟男生一会儿对骂一会儿调侃，脸皮真厚，没有一点女孩子的羞涩和温柔。郁宁以为这个姿势是她的最佳形象，头微歪，眼毫无理由地睁得老大，那故作天真的神情叫我不忍目睹。风很大，吹乱了我的头发，也吹乱了我的心，不知道将来会干什么，很缥缈。"

前者让我看到了一个在应试教育下饱受折磨的学生，后者让我看到了一个有个性的学生——这是少见的。

尽管我未能仔细阅读学生们的作文，但仅从题目上我猜测到以下作文应当写得不错：

《我和春天有约》《我被春天撞了一下腰》《春天别想》《春天从出狱开始》《春天组曲》《没有春哪有秋》《春，挂在勤劳人的手上》。

（2004 年 4 月 29 日　星期四）

上胡适的《我的母亲》时，我发现文后对胡适的介绍仅为："中国现代著名学者"。我认为对于胡适（他在我心目中是一个很伟大的人物），这样的介绍实在太简单了。我想到了教材对鲁迅的介绍：革命家、思想家、文学家，新文化运动的旗手，等等。一对比，教材如此简单、低调地评价胡适显得极为不公。我在介绍作者时说了一大段话，算是对教材的矫正。但我说得再多也不能改变一代人对胡适的看法——我充其量只能影响我班上的几十名学生。

我还从课外找了三段材料来佐证胡母对胡适的重大影响。我还在班上念了自己几年前写的一篇散文——《走不出母亲的人》。念着念着，我完全陷入了对我逝去不久的母亲的怀念中，禁不住哭了。有几个女生也随着我流泪。这节课，我把两个母亲和两个儿子都带进了课堂，旨在通过讲述我的母亲对我的影响，以强化学生对胡母对胡适影响的理解。对于这篇课文，一般的老师最多上两个课时，而我却足足上了3个半课时。为应试这是不划算的，但为育人这是划算的。因为我觉得：学生非常有必要全面公正地了解胡适，学生非常有必要像胡适对待母亲那样对待自己的母亲，学生非常有必要学习胡适的为人处世。

（2004年10月2日　星期六）

学生作文中的真与假

我曾批改过一篇题为《家乡的变化》的学生作文。这位学生在第一段作了总起之后，他首先写家乡的楼房变多了，说整个村子有了30多栋楼房，说"这是我眼里的最大变化"。接着写道：过去家乡的每条大路小路旁都栽了树，而且都长得很高大，村头还有一片较大的林子。以前，人们走在路上都有很凉爽的感觉，孩子们还常到林子里去玩耍，那里充满了乐趣。但如今树都被人们砍光了，"我的家乡显得空荡荡的，我真为它们的消失感到悲伤！"第四段写的是：我们村里的人已经走了一多半，他们都外出打工了。以前我们的村子里总是很热闹，尤其是夏天，如今却变得冷冷清清的。写过这些后，他却是这样结尾的："我家乡的变化真大呀！这是改革开放的伟大成果，我为美丽富饶的家乡而自豪。"

家乡的变化是大的，但这些变化并不都是美好的。文中的"空荡荡""冷冷清清"与结尾的"自豪"显然相矛盾。这一"光明的尾巴"显得很勉强和生硬。

我多年主编校刊。1998年特大洪灾后，校刊收到一名初三学生的题为《耕犁》的投稿。文中写道：尽管人们严密地防守着，但洪水太大了，天亮的时候，大堤还是倒了。他接着写洪水的狂奔、喧嚣和肆虐，写人们惊慌失措地抢运东西和逃生。再接着便是这样：……人们远远地看见一个木筏慢慢飘过来。木筏近了，人们围上去，只见木筏上站着李小东，还躺着他爹，他爹的旁边是一把耕犁。"李大伯怎么啦？"村民们问。"我爹他……他去搬犁被……被……""你为什么让他去呢？"人们带着哭腔问。"我阻止过他，但他说这是集体的财产，他责无旁贷。"结尾句是这样："顿时人们的两行热泪成了断线的珠子，李大伯平凡而伟大的一生就这样度过了。"

倒堤了，不逃生也不去抢自己的东西，而是冒着生命的危险去抢集体的财产，这显然不合常情，至少有些拔高。且谁都知道，早在80年代初就分田到户了，生产队的耕牛犁耙等集体财产早就分到了各家各户，根本不可能存在耕犁这类集体财产等着1998年的洪水来卷挟，等着李大伯的光荣献身。

上述的两篇作文有一个共同的特点：有真实也有虚假，真没有真彻底，假也没有假完全。而且是前真后假，要么是在真实叙事的基础上，硬续一段"光明"的抒情和议论，要么是在真实的场景描写后加上个"有意义"的情节。

类似这样的作文，笔者绝非仅见过这两篇，相信别的语文老师也不陌生。

他们的心处在老师要求他们写作文既要真实又要写得"有意义"的矛盾中。我有一位工作一向很认真的同事，他批改作业和试卷时要是发现了较严重的问题总是把学生叫到办公室"耳提面命"一番。那天，他批改作文时又叫来了一名学生。从这位老师对学生的"指点"中，我听出了这位学生作文的大致内容。他写的也是1998年大洪灾之后的事，受灾后村民们不断地分到从全国各地捐来的钱、粮、衣、被、鞋等救灾物资，生活过得比受灾前还好。尤其是隔壁张爷爷家，他不仅分到了我们都分到了的救灾物资，他那当市长的外甥来看望他时一下子就给了他一千元，他的日子过得更滋润了。老师是这样点"石"成"金"的，他说："你应该把市长来看望他的舅舅改为看望一个特困户家庭，这样更有意义。"接着这位老师解释了为什么这样改会显得"更有意义"，相信那些话大家都熟悉甚至都会说，这里就不用我赘述了。

　　"有意义"的要求常常让学生作起文来无所适从，从这类作文中我们分明看到了同学们的心被真与假撕裂着的情状！

文章亮色"引用"来

中学语文教师(特别是初中语文教师)大多有过这样的体验:在批阅学生作文时,大部分习作都可以给上"主题明确,语句通顺,层次清晰"的评语;但极少有作文能同时配得上"优美""生动""清新"等誉词。尽管我们不能指望每个学生都能写出一手锦绣文章,但我们至少不能满足于篇篇作文都四平八稳、平平淡淡,就像我们穿衣服不能仅仅满足于不脏不破合身,还要追求款式的优雅和色彩的亮丽一样。如何让学生干巴、暗淡的作文优雅亮丽起来呢?我想,用好"引用"不失为良方之一。

1. 向名言警句要亮色

在文章中恰当地引用名言警句(包括名诗句名词句),不仅能起到丰富内容、充当论据、提纲挈领等作用,而且在形式上也能起到简化、活化、美化语言的效果。朱自清的《春》中有这么一段话:"'吹面不寒杨柳风',不错的,像母亲的手抚摸着你……"如果其中没有对古诗句"吹面不寒杨柳风"的引用,就会成为:"春风温暖柔和,像母亲的手抚摸着你……"两相比较不难看出:尽管两段话在内容上没什么区别,但前者显然在语言亮色和艺术魅力上比后者强多了。彭荆风的《驿路梨花》，结尾是这样的："我望着这群充满朝气的哈尼小姑娘和那洁白的梨花，不由得想起一句诗：'驿路梨花处处开'。"如果作者在结尾时没有想到或想不到陆游的这句诗，我敢说，不管其他的哪种结尾，都不会比这种结尾更好。顾颉刚先生在他的《怀疑与学问》中，开头就引用张载的话："在可疑而不疑者，不曾学；学则须疑。"还在中间引用孟子的话："尽信书不如无书。"……用引用来给文章增光添彩的例子还真是不胜枚举。

"引用"并不是文章大家的专利，并不是非要等到知识丰富到一个较高的程度后才会运用。中学语文教师不仅要让学生知道引用是一种修辞手法，还要启发学生在写作中有意识地去实践它。

笔者曾教过一个初二班，开学初，头几次学生的作文都写得平淡干巴，在几百篇作文中几乎没有发现一处引用。尔后，笔者引导学生看课外书、做读书摘抄和名言警句卡，并启发学生在作文中灵活运用这些好词句。几个星期后就见了效果：有学生在写到潜移默化的影响时，引用了杜甫的"随风潜入夜，润物细无声"；有学生在写到珍惜时间时，引用了富兰克林和鲁迅的关于珍惜时间的名句；有学生在写理想时，引用了拿破仑的"不想当元帅的士兵，不是好士兵"的名言；有学生在写友谊时引用了培根的"如果你把快乐告诉一个朋友，你将得到两个快乐；如果你把忧愁向一个朋友倾诉，你将被分掉一半的忧愁"……

让学生多摘抄多诵记如星星般繁多又如星星般闪亮的名言警句，并养成在写作中运用它们的思维习惯，必将使他们的作文在内容和形式上都得以增色。

2. 向俗话谚语要亮色

除了大量的名言警句外，我们还有一个活的语言宝库——民间俗话谚语俚语。这些语言既具有极强的表现力又具有浓厚的生活气息，并不乏趣味和美感。一句俗话谚语或俚语的出现，往往能使文章清新忽来、亮色突现、谐趣顿生。我们的语文教材中很少涉及这类语言，很多教师在作文教学中也容易忽略这一语言资源。即使生活在农村经常听到俗话谚语俚语的学生，在他们的作文中也很少甚至根本不用这类语言。不是他们鄙视或厌烦它们，而是他们没有意识或认识到这类语言的存在和使用价值。

其实，学生对俗话谚语俚语是极感兴趣的。我在给学生抄写、讲解这类语言时，学生总是脸带笑容听得津津有味，有时还响起阵阵笑声。记得有一次批阅作文时，我发现了这样一句话："我们是一锹土上挖出的蚯蚓。"我感到惊喜，找到这位学生问他这句话是从哪里看到的。他说："是在一天他爷爷和一个老人谈话时，他在一旁听到的。"原来老人和他爷爷是同乡，一块土上出生、长大，后来，老人搬了家。分别多年后老乡重逢，话同乡之亲，就说出了这句："一锹土上挖出的蚯蚓。"太妙了！可以说没有哪句话把同乡之情表达得比这一句更好了。我抓住这一契机，进一步开导学生对这类语言的关注和引用。此后，什么"屋漏偏逢连阴雨"，什么"娇儿不孝，娇狗上灶"，什么"手心是肉，手背也是肉"等俗话谚语都在学生的作文中时有出现，都或多或少地为他们的作文增添了亮色。

3. 向歌词要亮色

要学生对流行、通俗歌曲感兴趣，这不是问题；因为几乎每个学生都有兴趣。但要学生恰当地引用歌词为作文增光添彩，则是尚未被部分语文老师考虑过的一个有价值的问题。没有什么东西能像流行歌曲与通俗歌曲那样容易被学生接受，且大多数歌曲的歌词写得凝练、清新、优美。老师要做的仅仅是提醒、引导学生把他们烂熟于心的歌词恰当地嵌入作文中。

有一次，我在一个学生的作文中发现这样一个句子："妈妈的目光是我的路,我沿着小路去远行,心儿永远不会孤独。"我为这句话感到惊喜。一打听,才知道这句话是他从一首叫《妈妈的目光》的歌曲中引用来的。我在班上读了这篇文章,尤其肯定了这位学生恰当引用歌词的做法,由此启发学生用歌词来增添作文的语言色彩。后来就有学生写《我的初中生活》时,用歌词"什么时光最值得真爱?是这幸福的中学时代。什么时光最难以忘怀?是这美好的中学时代"开头;用"风雨中这点痛算什么"来表达战胜困难的勇气;用"我的未来不是梦"来表达对未来的信心;用"生活像一团麻,总有解不开的小疙瘩"来写内心的烦乱;用"只要人人都献出一点爱,世界将变成美好的人间"来赞颂爱的温暖和力量等。这些歌词的引用,常常让批改者的眼睛为之一亮,心情为之一快。

作为一名语文教师,首先要知道语言的宝藏在哪里,语言的源头活水在哪里,美化语言的方法有哪些;然后提醒、启发、引导学生去挖掘去汲取去运用。学生名言警句、俗话谚语、歌词等积累得多了,引用的习惯形成了(当然是恰当、灵活的引用),不愁文章写不出光彩和亮色。老师再拿起红笔时,获得的将会是"乱花渐欲迷人眼"的快慰、欣喜和享受。

功利目的下的苦心归纳

前天,听了一位初三语文老师的一堂复习课,听了不到 30 分钟,就让我产生了一种强烈的感受:他的目的真明确啊!为了这个目的真是煞费苦心了!

"这是一个经常考的题型。""过去这样考过,以后可能换一个形式考,譬如变为……""遇到这样的考题,要用这样的格式答……""如果这样考,我们就要抓住……""对这个知识点,它可能怎样考呢?""尽管可以这样说,但考试起来你只能……"……这类话,不时从教者嘴里说出。尽管我未作准确的统计,但我估计在短短的 45 分钟里,这类话说了不少于 20 次。教者的目的十分明确:一切为了考试。

再看教者煞费苦心的归纳——

在讲了一个语段中的一个"这"字所指代的内容后,她说:"'这'作为一个代词,它所指代的内容,一定是在它的前面,不可能在它的后面,而且就在离它最近的前面的那句话里。"我不禁想:"这"字指代的内容在它的前面是肯定的,但不一定就在前面的第一句话里。"这"字难道就不能指代前面几个句子所叙述的内容吗?如果它前面的那个句子很长,它指代的内容会离它很近吗?如果学生在广泛的阅读中具备了一定的阅读能力,还用得着教者的这番归纳吗?

在讲到说明文中中心句的位置时，她说："中心句不一定在第一段的第一句或最后一句，它可能出现在第二段中，尤其是第二段只有单独一句的时候，它是很危险的（意即它很可能就是中心句）。"我想：这样的归纳很有可能会导致学生懒得去理解分析内容，只去找位置了事。

在讲到"下定义"和"作诠释"这两种说明方法的区别时，教者说："下定义就是：什么是什么；而作诠释则散乱些，它需要你提炼后才能成为定义。"我不禁想：什么是什么，就是下定义吗？譬如："手机是通讯工具。"你能说这就是给手机下的定义？诠释一定散乱吗？从诠释中一定能提炼出某个确切的定义吗？

在讲到说明文的说明顺序时，教者说："顺序只有3种，一是时间顺序，二是空间顺序，三是逻辑顺序。时间顺序就是事情发生的先后顺序，空间顺序就是按照一定的方法排列的，逻辑顺序就是有思维的。"我一愣，想：逻辑顺序中才有思维，其他顺序中就不含思维了？教者可能意识到了这个结论的不够准确，接着说："逻辑顺序不太好判断，可以用排除法：如果它既不是时间顺序也不是空间顺序，就一定是逻辑顺序。"我不禁又想：就算这排除法的确省事管用，但把这样的考题答对了的考生，他理解"逻辑顺序"了吗？

我们的教育已经基本上功利化了，就像商人每卖出一件商品就得赚点钱一样，老师每上一节课甚至每说一句话都是为了让学生多得一点分。要让学生答题时尽量少失分，这是我们的老师们自始至终的教学方向，这是教学时刻对准的目标。怎样才能少失分？主要靠正确的解题方法。方法何来？主要靠老师的归纳。老师大都在归纳上动了不少脑子。有些知识需要归纳，有些归纳的确有用，能起到事半功倍的效果。但不是什么都可以归纳的，也不是所有的归纳都是有益的。打开教辅资料或听一听老师们的课（尤其是复习课），你就会感觉到归纳用滥了、乱用了。归纳也不是谁都可以做好的，它需要能力。能力强的老师归纳起来大致会做到既简练明了又准确周密；能力差的老师归纳起来恐怕不仅会失之于简练明了，而且有可能失之于准确周密。也有这种情况：有些老师明明知道自己的某种归纳是不太科学严密的，但为了便于学生考试时的操作，也硬着头皮令学生掌握，可谓顾了管用牺牲了准确。

只要一心盯着考分，老师就要患"归纳癖"。只要有"归纳癖"，归纳就会滥起来和乱起来。天天向学生灌输这样的归纳，学生再灵活的脑子也要逐渐死板起来。在"归纳"中提高学生的分析能力、发散思维，岂不是缘木求鱼？还遑论什么创造力？！

别 小心眼太多

当了十多年的语文教师,听了可能上百节的公开课,所获得的最大感受之一是:语文老师差不多个个像庖丁,手持一把解剖刀,这刀实在了得:无处不至,无孔不入。

一名老师在上《石壕吏》时,大讲"有吏夜捉人"中"夜"字用得如何好。我想,如果这个"夜"字也值得如此深究的话,那么,这篇文章中就没有几个字不需要挖掘的了,那得多少课时才能上完这一课?就算这个"夜"字,除点明了事情发生的时间外,还表现了统治者的穷兵黩武,也只需点到即可,大可不必郑重其事地对其作专题品析的。

另一位老师上《苏州园林》在分析到课文第 4 自然段时,他问:"'苏州园林都有假山和池沼'这一句中的'都'有什么含义?"学生答:"'都'的意思就是全部。"老师不满意,又叫一个学生答:"'都'的意思就是没一个例外。"但老师还是不满意,说:"你们只回答了表面的意思,它的含义是假山和池沼在苏州园林中具有代表性。"原来这题的猫腻在这里。还有一位老师在上《最后一课》时问学生:"'忽然祈祷的钟声响了'中的'忽然'有什么含义?"面对这种 1+1=? 的问题,学生都发愣不敢回答,以为必有什么深义。老师再三逼问,一学生敷衍着回了一句:"就是突然的意思。"老师说不对,正确答案是:表示突然中断。难道突然开始、突然结束就不叫忽然?这是教书吗?这简直是插迷魂阵,是在给每一个汉字的后面造一座迷宫,好让学生望而生畏或跌入其中找不着北。

　　这类例子我还可举好些。不少语文教师,因长期受应试教育下的琐碎的课文分析的熏陶和训练,变得眼睛如电、心细如丝,过于敏感,像小心眼太多的女人,常常拿芝麻当西瓜,苦口婆心地唠唠叨叨。其结果是:把美拆得零零碎碎,把简单的问题复杂化,把朴素的问题玄乎化。

关于教学随笔的随想

是记录，是梳理，是倾诉，是对流失的防止，是对美丽的挽留，是经验的累积，是素养的积淀，是教师成长的阶梯或前进的加速器，是教师一用就灵的致富术。

个案中有规律，偶然中有必然，随意中有机杼。教案中没有它，不是不行；做一个一般的教师，没有它不是不行。但要把课讲精彩或做货真价实的优秀教师，没有它恐怕不成。

是对准教师生命运动的摄像机，是教师情感的七棱镜，是教师人生的八宝箱，是照亮教师生命隧道的灯。

是教师抵御无聊和空虚的神符，是教师芬芳自身的香袋，是高贵教师平凡人生的珠串，是撑起教师自尊的梁柱。

教师若要写自传，它们肯定要成为其中最精彩的篇章；教师若想骄傲自豪，它们无疑是最能呈现生命价值的证券；教师若要回忆，它们便是心灵里一块永不褪色的芳草地；教师若要进天堂，它们就是通行证。

我该怎样教育学生

真正的无私奉献
——敢于教成倒数第一

江山代有丽词出,各领风骚数十年。之前,有个使用频率极高的词——"大公无私",现在几乎消失了;但有一个与它意思相近的词——"无私奉献"——又兴盛起来。这个词至少在我所熟悉的教育系统中的使用频率是很高的。在师德报告中,在局长、校长、主任的讲话中,在教师的考核鉴定中,在彰先表模时,在过教师节时……这都是"无私奉献"频频出现的场合。

对于战斗在教学第一线的教师,他们的无私奉献一般是指备课、上课、改作业、批试卷认真扎实;不仅踏踏实实地上自己该上的课,还抢着上别人的课(当然是"副课",不是"副课"谁给你抢);对正常工作外的补课加班,不仅毫无怨言,而且热情主动;对于领导安排的其他工作,不仅不讨价还价,而且乐于接受出色完成;对重担(主要是指带毕业班)不仅毫不退缩,甚至主动请缨;也不乏家人生病了不请假探望照看,甚至自己生病了也撑着上课补课的事。

但是,这并不是我心目中的无私奉献。请看这样一位老师——

学校安排补课,别的老师都补教材上的内容,要么上新课,要么做练习或考试或评讲试卷;实在没事做,就要学生做那些做过了的题目或读那些读过多遍了的书。这样做,意义即使不大,但也不是没有——至少也可算巩固知识了。当然，上课时感到没事做的老师是很少的——哪个老师没有要班上的学生准备一至数本复习资料？但这位老师补课时却给学生上什么泰戈尔、汪国真的诗或培根的随笔之类与考试无关的东西。他想：学生本来对补课就反感，还要讲以前讲过的知识，学生肯定厌烦。他不忍心让学生在一次比一次加深的厌烦中完全失去对语文的学习兴趣。而且，他觉得就算不考虑学生的学习兴趣，给他们讲一讲课外的好文章也是大有益处很有必要的。

  别的老师都希望能带毕业班，有的还要为带上毕业班动一番心思，有的还因领导没安排他（她）带毕业班而生气，为此与领导吵架的事也不罕见。而这位老师却不愿带毕业班，觉得带毕业班对学生的摧残更残酷，他实不忍心。

  当老师的都知道：老师们在批改统考试卷时，一般对教研室提供的参考答案，不是当做"参考"而是照搬。我不是说教研室提供的答案不能用，而是他们提供的答案中确有极少数明显错误的答案和少数不大准确或不大简洁的答案，还有的是应有多个答案，却只提供了一个答案。改卷时的这种把"参考"当"正确"的做法，误导老师们在平常的试卷批改和评讲时，对教研室提供的答案，除非发现明显的错误予以改正外，对不大准确或不大简洁的答案就不管了，更不会去管什么多元答案了。并不是老师们都迷信教研室，以为他们的答案像圣旨一样不可更改，而是考虑到让学生接受不同的答案后会造成统考阅卷时失分（失分意味着什么就不用我赘述了）。硬着头皮要学生接受错误的或不太正确的答案，完全可以说是为了分数而牺牲真理，为了分数而放弃对学生发散思维和怀疑品质的培养——是分数让教研室的出卷和老师们的教学都专制起来。但上述的这位老师却绝不这样，甘愿冒考试时全班学生失分的危险，该否定的否定，该修改的修改，该多元的多元。

  别的"主课"老师经常占用"副课"的教学时间，特别是临近期末统考时这种现象尤为严重，有的老师为了稳稳当当地抢到一节课，在上节课还没下课时就守候在教室门口了。而他却从不这么做，甚至耻于这么做。不是他懒惰，不是他对工作没热情，而是他坚定地认为任何科目都是重要的，这样做不利于学生的全面发展。

不少老师还在苦干之外再加"巧干"；平常不苦干的老师更是寄希望于一时的"巧干"。所谓"巧干"，当老师的人都知道。但考虑到我这篇文章的读者可能还有非教师，我还得在此解释一下。"巧干"就是在安排考试座位、监考、阅卷等环节上动心思、做手脚。但他始终洁身自好，绝不为所谓的好名次而玷污人格。

这样的另类老师在与同行们激烈的竞争中，自然是要落后的——他所带的班级经常在统考后的排名中居同类班同科倒数第一。中国的事情就这么奇怪：他是这所学校语文功底最硬、人文素养最好、最有思想、最有教育良心、最受学生喜爱的老师，也是所谓"教学绩效"最差的老师。

前几年，他所在的学校有这样一个规定：所教科目在期末统考中连续二次获同类班级倒数第一的老师，在年终考核中评入差类，其家属不得安排就业（他所在的学校是一所乡镇中学，不少老师的家属是"半边户"，学校的食堂、小卖部、学生宿舍管理都安排这些家属就业）；连续三次考倒数第一的老师，予以停岗。就是上述的这位老师，先是在年终考核中被评差，妻子被失业，这些他都忍了；过了一个学期，他又得了个倒数第一，这次他被停岗了。于是全家陷于生存危机。到了这样的地步，他还顾忌什么？于是他像一座压抑太久的火山终于找到了喷发口——在领导面前大吵大闹，大放厥词，说："你们这种评价方案是不科学的，我即使考100个倒数第一，也不是差老师，也比有些所谓的优秀老师优秀。我考的倒数第一越多，只能证明我越对得起学生，越对得起我的良心，越对得起中国的未来。"他的话，让多数领导和同事颇觉好笑，认为他在诡辩——当老师不把教学质量搞好，你再行、学生再喜欢你，有什么用？教书是要出分数，不是玩花架子。也有少数老师认可他的说法；还有老师以为他受的打击太大，神经不大正常了。幸亏，当时政府发了一个文件，上面说不能把考试分数作为衡量学生的唯一标准，不能把班上考试的积分作为衡量老师的唯一标准，不能把升学率作为衡量学校工作的唯一标准。他把这个文件当做他重新上岗的救命草，他拿着文件与学校领导据理力争。领导说："你必须先在全体教师大会上作检讨了，再考虑工作安排。"他犹豫了几天，在父母、妻子的苦苦劝说下，他违心忍辱作了检讨后上岗了。

受了这次打击后，他有了些转变，或者说变聪明些了，也可以说变自私些了，譬如，他补课时很少再上课外的东西；有时也抢占那么一两节"副课"上上；对教研室提供的有问题的答案也不再像以前那么较真了。他班上的"教学质量"果然提高了。但江山易改，本性难易，他并没有本质的变化。就在我写作本文的前几天，他正准备上新教材上的一篇课文——江河的《星星变奏曲》。他坐在电脑前做课件，其中一页是对"朦胧诗"的介绍，其中还有两页是向学生展示北岛的《一切》和舒婷的《这也是一切》。另一位与他教同一年级同一科目的老师凑过去看了看，然后说："这有么用？"在那位老师看来，有用的是如何分析这篇课文（当然是越琐细越好），以及针对这篇课文设计的一些练习等。

他有20多年的教龄。20多年中，他得的"倒数第一"恐怕不下20次。20世纪80年代，应试教育不太甚的时候，他也经常搞过顺手第一。近10年来，随着应试教育愈演愈烈，他获倒数第一的频率越来越高。因此，他不曾被评过一次"优秀"，也未曾当过一次"先进工作者"，不曾免费用过暖水瓶、床单、毛毯之类的东西；他得的教学奖金无疑也是最少的（以每学期比别人少拿400元计算，累计要比别人少拿一万多元）。但他除像其他老师那样完成了教材规定的内容外，还向学生讲了不少课外精品，组织了多次丰富多彩的对学生的成长极为有益的课外活动；他为寻找课外精品和精心设计课外活动所花费的时间，并不比其他同事用在补课出卷改卷评卷上的时间少。不少老师是用他的"无私奉献"把学生（尤其是成绩差的学生）推向厌学、逼向辍学逃学；而他却是用"倒数第一"的魅力让学生想学乐学。我们必须提到：在他多多"倒数第一"的教学生涯中，向学生贡献了他鲜有的同事具备的人文素养，至少比他的同事们更多更好地培养了学生的发散思维、实践能力和创造能力，向学生濡染了他的怀疑习惯、批判精神和理想主义的品质。

在当前的情况下，说在教育战线上真正的无私奉献者，是极少数的只爱学生和民族的未来、不爱名次奖金和"优秀"、敢于教成倒数第一的人，实为不刊之论！

我是怎样培养学生的怀疑精神的

在我 20 多年的教师生涯中,最令我感到骄傲的恐怕非"我能注重并较善于培养学生的怀疑精神"莫属了;如果说我的教学有什么特色的话,"能注重并较善于培养学生的怀疑精神"恐怕就是这特色中的主要元素。

应该说,有很多实例能够证明我在这方面是"注重并较于"的:

初二语文中选有杨绛先生的散文《老王》。我是用四个"说"来完成对这篇课文的教学的:说老王;说杨绛;说疑问;说自己。在进入"说疑问"这一步时,我首先用多媒体在屏幕上打出胡适的名言:"做人要在有疑处不疑,做学问要在不疑处有疑。"在对这一名言作了简要的阐释后,我便鼓励学生大胆提出文中不懂或有疑的问题。在我的启发引导下,学生与学生、学生与老师以相互质疑、相互问答、相互争辩的形式展开了一场活泼激烈的质疑答疑的活动。学生提出了如下较有价值的问题:①"脑袋慢""没绕过来"是什么意思?载客三轮为什么都要取缔?什么叫"文化大革命"?②"开门看见老王直僵僵地镶嵌在门框里",为什么要用"镶嵌"这么个词?③"我强笑说……"既然是迎接客人为什么要"强笑"?④"我"拿钱给老王是为了帮助他,而后来为什么说"我却拿钱侮辱他"? ⑤为什么在新社会里,老王还生活得这般苦难?

在师生共同解答同学们提出的这些疑问后,一时冷场了,我问:"同学们还有什么疑问没有?"同学们都不做声了,我说:"你们似乎再没有什么疑问了,但老师还有。"我接着向同学们提出了如下两个深层次的问题:从课文看杨绛对老王已经是够仁义善良的了,但为什么她还要对老王心怀愧怍?通过这个问题,我想引导学生从杨绛"愧怍"的背后窥见一个有良知的知识分子因底层人民的苦难而引发的社会责任感。第二个问题我是这样问的:"这个社会上善良的人是不少的,比较善良的人就更多,我们常常看到强者对弱者、高贵者对低贱者的同情和帮助,但却很少看到他们之间形成像杨绛与老王之间这种亲近和睦的关系和氛围?很多人的同情不过是动一时的恻隐之心,帮助也不过是一时的善举。你们知道'纡尊降贵'这个成语吗?'纡'的意思就是'委曲'——委屈了自己的尊严和高贵去同情、去帮助。带着委屈的情绪去同情帮助,就不是自然的真诚的帮助,被帮助者也不可能产生真诚持久的感激。那么,怎样才能把善举表现得自然真诚,怎样才能与被同情者、被帮助者之间建立像杨绛与老王这样自然真诚的关系?"我通过对这一问题的解答,使学生明白了:强者要想与弱者建立自然和谐的友情,只有心地的善良还不够,还得有人人生而平等的观念。接着,我在屏幕上打出了《世界人权宣言》的第1条、第2条和第25条。

在上鲁迅的散文诗《雪》时,我顺便对学生讲了散文诗的特点。正好在上课之前,我发现学生人手一册的语文配套练习——《动态新课程》中对散文诗特点的介绍有一处错误。这时,我要同学们把这本书翻到第19页,先要他们读了如下的一段话:"散文诗,它既有诗歌的特点,讲究押韵和节奏;又有散文的特点,比较有气势。"读完后,我问:"同学们,你们读完这段话后发现了什么可置疑的问题了吗?"学生又看又想了一阵,还是没人说话。我说:"有什么疑问勇敢地说,不要怕说错。"不久,终于有一个学生显出了跃跃欲试的样子,我连忙叫他回答,他支吾着说:"好像这个'气势'用得不对。"我听后大喜过望,把声音提高了好几个八度:"说得好!"我给予了热情的肯定并接着说:"散文最突出的特点是'形散而神不散',而不是这本配套资料上所说的'有气势'。讲有气势,现代诗中的政治抒情诗比散文有气势得多,还有许多政论文像梁启超、陈独秀的不少名文以及《孟子》中的不少篇章也是很有气势的。"我之所以对这个教学环节感到得意,是因为我认为我的这一番引导和启示,不是在炫耀我见解的独到和语言的雄辩,而是在于用这一事实让学生明了:书本和权威是不可迷信的,我是在培养学生的批判思维,是在培养学生带着"疑"字读书的可贵习惯。

在教学胡适先生的《我的母亲》时,我发现文下注释中对作者的介绍仅为如下寥寥数语:"胡适(1891~1962),字适之,安徽绩溪人,学者。"我公开对学生表达了我对这一介绍的不满,我忿忿地说:"这个介绍太简单太不公平了,对比我们给鲁迅的'革命家、思想家、文学家'等高评价,显得尤为不公。说胡适是思想家、是政论家、是教育家,没有一个是他配不上的,说他是哲学家、是诗人,也并不过分,最低也应该在'学者'前面加上'著名'两个字!……"我既是在表达我的不平,也是在培养学生的怀疑精神——这是很"讨"胡适先生的喜欢的。

初一语文上册第五单元选有鲁迅的《风筝》一文。在课文标题下的长方形的框里编者写有这样两句阅读提示:"在温馨与和美中有亲情,在误解和冲突中也有亲情。本文讲述的就是这样一个故事。"但我读完课文后觉得,课文写到了亲情,但仅仅只是写到了。它的主题要比浮在表面的亲情深刻得多:它批判了封建教育思想对人们价值观的扭曲和对儿童天性的戕害以及人们对不合理的制度的近乎天然的顺从。因此,我觉得编者说《风筝》讲述的是一个有关亲情的故事是对课文过于肤浅的理解。不少老师就是在这一阅读提示的导向下,把讲授本文的主题和重点放在了"亲情"上。我觉得这样的处理肯定愧对了鲁迅先生。我的上述观点首先得到了汕头名师陈利彬校长和卢佐兴老师的赞同。接着，我又在学校语文教研会上提出了这一观点。有老师说："对初一的学生挖掘得太深刻也不合适。"我说："如果说本文的主题太深刻初一的学生难以理解，这只能说本文不适宜选入初一教材，这是编者选择的失误，不能成为教者对课文作变相甚至歪曲理解的理由。"经过讨论，大家赞同了我的观点。因此，至少在我所在的学校老师们再没有把《风筝》的主题和重点放在"亲情"上。

我讲完了这一课后，要学生回过头来看课前的阅读提示，我问："同学们，你们觉得这几句话需不需要修改？课文讲述的仅仅只是一个有关亲情的故事吗？"学生都毫不犹豫地回答："不是。"我接着说："同学们，我建议编者在再版的时候把'本文讲述的就是这样一个故事。'改为'本文讲述的仅仅只是一个亲情故事吗？'好不好？"同学们都大声回答："好！"

在教学老舍的《济南的冬天》时，我发现如果把课文的最后一段的最后一句话"这就是冬天的济南。"改为单独成段，作为收束全文的第六段会更好一些。我向学生讲了我的这一观点，并讲述了我的理由：因为这一句话在内容上看，它不仅仅是对第五段的总结，也不仅仅是对前面两段三段的总结，而是对全文的总结，另起一段会使全文总分总的结构显得更明显紧凑；另起一段，也起到了强调的作用，使作者对济南冬天的赞美之情显得更强烈。我问："同学们，你们觉得我说得有没有道理？同不同意把它单独作一段？"同学们齐声回答："同意！"

学生被我教得越久，我被他们问的次数也随之越来越多。就在半年前，有两个学生问了我两个至今还让我常常想起的问题。一个学生问我："为什么保尔没有和冬丽娅结婚呢？在我看来冬丽娅不是比丽达和达雅更可爱吗？"另一个学生是这样问的："老师，杜甫自己住着这么破烂的房子却还要说'安得广厦千万间，大庇天下寒士俱欢颜'，这是不是有点虚伪？"

只要学生提问，无论问题的深浅、难易、价值的大小，我都乐于回答，因为这正是我所希望和追求的。

培养学生的怀疑精神，是我过去、现在和将来在教学中的自觉的、热情的追求。之所以如此自觉和热情，是因为我深深地懂得——怀疑精神与个性张扬息息相关；怀疑精神与自由意志息息相关；怀疑精神与民族的创新能力息息相关；怀疑精神与人类文明进步的步伐息息相关。肖川教授在他的名作《教育的理想与信念》中说："如果要说什么素质最为重要，那我只能说是这样的素质：批判性的思考力、创新的能力、开拓新生活的能力、选择与合作的能力。"在他所说的最重要的四种素质中，排在第一位的是"批判性的思考力"也就是人的怀疑精神。他还说："用心呵护和极力弘扬批判性的思考力是教育情境中的灵魂。"可见，培养学生的怀疑精神是一件大事，是一件极有意义的事情。

"将'怀疑'进行到底。"——这是我的信念！

强烈地扇动着温柔的翅膀

作为一名中学语文老师,批改学生作文是必不可少的。批改作文的最大乐趣,便是发现优秀作文。批改作文还显示了语文老师的专业优势——它是一条走进学生心灵的捷径。而如今,走进学生的心灵,不再是一件快乐幸福的事情了。毫不夸张地说,每一次批改作文,不是让我本来轻松的心沉重起来,就是让我原本沉重的心更加沉重。

不少学生写到了父母因打牌而吵架,甚至离婚;不少学生写到了因父母离异给自己幼小的心灵带来的孤独和痛苦;更多的学生写到了他们对学校的不满。有对学校收费的不满,有对学校食堂伙食太差、"杀"得太狠的不满,最多的是对作业太多时间太紧压力太大活得太累太不自由的不满。如果把我校近几年里学生表达这一不满的作文全部收集起来,恐怕比苏霍姆林斯基的作品总量少不了多少。这些作文中出现的频率最高的一句话是:"我们就像一只只关在笼中的鸟儿,时刻向往着自由的天空。"这就像新中国成立前人民把"翻身求解放"常挂在嘴上一样。

前年,我曾给初二(10)班的学生布置了一道作文题:《读书中的苦与乐》。批改时我发现:几乎每一篇作文都用了大量的篇幅写"苦",只用了较少或极少的篇幅写"乐"。而且"苦"都写得具体细致、言之有物，有的还写得生动感人。过去总是害怕作文、曾经几次因逃交作文被我叫到办公室训话的赵奇同学，把读书的"苦"写得尤为细腻生动，读之催人泪下。而绝大多数写"乐"的地方则寥寥数语，抽象空洞，能明显地看出勉强拼凑的痕迹。我理解他们，我知道他们的读书生活中实在难以找到什么乐趣，他们懒洋洋地生硬地写几句"乐"，不过是出于扣题的需要。

去年，我在一个叫袁洲的同学的作文中看到了这样一句话："鲁迅先生在《从百草园到三味书屋》中讽刺了封建教育制度。如果先生生活在现在，与我同学，他一定会写一篇更有讽刺力的《从百草园到小河中学的》。"（我任教的这所中学名叫小河中学）

三（1）班的作文高手汪翔同学给我负责编辑的校刊《中州》投来一篇题为《花之殇》的习作，其中有这样一段话："花开了。这花不是为报春而开的，她肩负着一个她不愿而又不得不接受的任务，被称之为光荣的任务。这个任务压得她喘不过气来。她的生活被恶魔控制着，她没有光明没有快乐。"初读一下，我不大懂这段话的意思，我问他："你这里写的'花'究竟是指什么？她为什么不是为报春而开？她究竟肩负了怎样的任务而这么沉重？"他说："这里的'花'就是指我们这些学生，'任务'就是学习任务，就是作业、考试、分数。我们到了花季，但一点都不快乐。"没待他说完，我就明白了这篇文章的用意：他是说他们这些所谓的祖国的花朵是为应试教育而殇了。

也是这位汪翔同学，他在一篇名为《虚与实》的作文中这样写道："青少年沉浸在网络中不能自拔，以至荒废了学业，自毁了前程。是什么原因使青少年如此沉迷于虚幻中？堆积如山的作业、压得喘不过气来的期望和可怕的分数阴沉沉地笼罩着少年的天空。云彩被抹去，世界失去了颜色，生活中没有了快乐。一切只是在勉强地极不情愿地撑着，撑得身心疲惫。这时，虚幻来了：刀光剑影、英雄美人……游戏是多少刺激！在那个虚幻的世界里自己成了主宰，任意支配着属于自己的世界。随心所欲地玩，没有作业，没有分数，没有名次，没有……为什么孩子沉迷于虚幻？因为他们在现实中太不快乐！"

我们学校也跟其他学校一样，设有"校长信箱"，学生太难受的时候也会写几句心声怀着侥幸心理投进去。我曾不止一次地听校长感叹："有的学生跟我写信，说太累了。现在的学生也的确累，但没办法，学校要生存不能不狠抓质量，而要出质量就不能不用时间和汗水去拼。"

前不久，我在《教师报》（2006年3月1日）上看到一篇文章，说的是重庆兼善中学高一年级800多名学生联名上书，希望学校取消月假制度。所谓月假制度，就是一个月只放一次假，将原来的一个月的四个周末占用三个。该校学生对记者说："我们太累了，都希望周末回家轻松一下，弥补一下耽误得太多的睡眠；每当周六时，我们的心里就像'猫在抓'，我们都想着回家，根本没心思上课。"有个学生说："人太累了，我都瘦了8斤。虽说可以当成减肥，但也太让人吃不消了。现在我才上高一，我真不敢想象，高三又会是怎样一番境地。"这学生无疑是个胖子，他还有"肥"可减。我想，要是个瘦学生，时间一久恐怕只有"骨"可减了。浩荡上书之后的结果如何呢？记者写道："对于学生的种种意见，学校杨书记表示，学校只有慢慢给学生解释，目前还会按规定继续实行月假制。"

美国的E.A罗斯在他的《变化中的中国人》一书中，专章讲到了中国妇女的悲惨处境和她们在外国传教士的努力下所获得的最初的解放。在写到她们对不幸命运的微弱的反抗时，作者用这样一句话作结："她们强烈地拍打着她们温柔的翅膀反抗着封锁她们的鸟笼。"不知怎的，我看到这儿的时候，思维一下子从古代妇女的身上转到了如今的孩子们身上——转得那么自然而迅速。此时，我的眼前出现了校园里一个个睡眼惺忪的疲惫而无奈的身影，出现了上述声声血泪的作文，以及800个学生的联名信。同学们反抗和冲破应试教育牢笼的愿望不可谓不强烈，但其力量却终究脱不了温柔和微弱。

学生布置的作业
——我读《窗边的小豆豆》

今年教师节的前一天,我的得意门生、被我称为小才女的张诗怡来到我的办公室并递给我一本书。我接过书,听她说:"老师,您一定要把这本书看完。"我一看封皮,上面写着:《窗边的小豆豆》。这不是写小孩子的书吗?这样的书我能看得下去吗?我一边这样想一边翻开了封皮。只见在封皮和扉页之间夹着一张小纸条,上面写着:"马老师,愿这本书能带给您快乐的记忆!虽说书是借给您的,但如果您认真读了,就算是收下了我的礼物。请不要认为这本书很幼稚,一定要仔细地从头读到尾哦,我还希望您能写篇读后感给我看看,能完成吗?祝您教师节快乐!"我一笑,心想:这究竟是一本什么样的书,竟让这孩子如此郑重其事地向我推荐,还煞有介事地要我写读后感?这孩子眼光不差,这本书恐怕不能小看。

我一看,这本书还真不错。即使不为向张诗怡同学"交作业",我也会写几句的,尽管我好久没有写这类所谓的读后感了。下面就是我交给张诗怡同学的"作业":

这本书中最重要的人物无非是小豆豆和校长先生。校长小林宗作先生非常朴素,穿着、语言都很朴素,除了弹钢琴,他的举止中也难以找到不属于朴素的东西。他让我想到了我熟悉的中国农村的小学校长们，他与他们非常相似，又相距得十分遥远——相似的是外表，相距遥远的是教育理念和思想境界。我在25岁的时候当过一个村办小学的校长，如果不是看了《窗边的小豆豆》，我绝对不会对自己当了近两年小学校长的光荣史感到如此汗颜！

校长朴素得像农民（跟"旱田老师"差不多），深刻得不逊于任何一个大教育家，善良得像一个菩萨（他为了培养高桥君的自尊心而煞费苦心地设计；他为了消除身体有缺陷的孩子的羞怯和自卑心理而故意让孩子们全都脱光衣服游泳；他因为听到班主任老师无意中问了高桥君一句"你有没有尾巴？"而一改往日的平和勃然大怒；他一不留意就有学生爬到他的身上去等，这些事都是他善良到了极致的表现）。夸张点说：只要孩子们记住了校长其中的某一个善举，就足以抵御今后的人生中可能突袭来的人情的寒潮。看这本书时，我不由得想到了这样一句话：教育上的理想主义者是最高的理想主义者。

巴学园的生活是独特而有趣的（"电车教室""一等奖是'一根萝卜'"，等等，它的独特值得大书特书），不，用"独特而有趣"还远远不够，必须用"美好"来形容——彻头彻尾的美好，美好得甚至令人难以置信。

《窗边的小豆豆》加深了我对人性美的认识，施骗——卖"健康树皮"——这样的人性恶在小豆豆买了"健康树皮"极力想让人人都尝一口的人性美的面前显得那么的微不足道。《窗边的小豆豆》让每一个人都更加痛恨战争，然后要痛恨的就是与巴学园的教育形成鲜明对比的、束缚人的自由、扼杀人的个性的应试教育了。

《窗边的小豆豆》在20世纪80年代初就在日本引起轰动，并成为前所未有的畅销书。我想：这样的书在正把应试教育搞得如火如荼的80年代的中国是不会引起多大反响的，是绝不会成为畅销书的，因为当时极少会有人从中看出小林先生的价值和巴学园的美好。这使我想起了孙云晓先生的《夏令营中的较量》中一个日本学生对中国学生说的话："你们这一代不是我们的对手。"

《窗边的小豆豆》使我动摇了"小说就是语言的艺术"的观点。它的语言是那么的朴实（朴实得就像校长先生）而平淡，平淡得让你从头至尾找不到一句优美的句子。它的取胜完全不是靠语言，也不是靠任何其他写法上的技巧，它完全是靠了生活中的人和事——巴学园里的人和事。这样一部感人而畅销的小说，我们几乎很难从中发现它属于文学方面的亮点。

看完这本书，我不能不这样想：如果所有的校长都像小林先生这样，不，只需要一部分校长像他这样；如果所有的学校都像巴学园这样，不，只需要一部分学校像它这样，教育就真正崇高起来了——不是喊口号刷标语造出的崇高，教育就真的能够抵挡来自于人性恶中的好多东西。据介绍，这本书中的"旱田老师""破学校"等几个章节被编入了日本的小学课本。特别是"破学校"这一节，我认为实在是写得妙极了。"巴学园，好学校，走进去一看还是好学校！"小豆豆们发自内心的、一遍又一遍不知厌倦地歌唱，就是对巴学园最高的赞美和最有力的肯定。这种赞美和肯定以孩子们淘气的方式表现出来，特别值得玩味和感人。现在，在中国有没有或有几所学校能让孩子们发自内心地说或唱："×××，好学校！走进去一看还是好学校！"呢？！

值得一提的是：自从看了这本书后，我吃饭时竟然常常想起校长先生创作的："把吃的东西，好——好——嚼啊！"这句话。以至于有时候这样想时，还真的把嘴里的食物多嚼了几下。

最后，我要感谢张诗怡同学，感谢她推荐给我并逼着我看了一本好书，尤其是让我认识了一个十分优秀的同行——小林宗作先生！我又多了一分精神资源。

几天后，我把上述的读后感交给了张诗怡同学。第二天，我问她："怎么样，我的作业及格吗？"她说："最少95分。""有那么好吗？""有。""真的？""真的！"我一边笑着一边向教室外走，走了几步又折回来问她："我所写的这些，你读这本书的时候，想到过吗？""有一些想到过。""譬如说？""譬如说我看这本书的时候总是把巴学园和我们的学校进行比较，觉得我们做学生压力太大了乐趣太少了，好羡慕巴学园的学生！""嗯，对。""老师，看了您的这篇读后感和您博客中的一些文章，知道您是非常反对应试教育的，可是——可是——""可是什么呢？大胆地说吧。"其实我知道她要说什么。"可是您为什么有时也看重分数呢？不过您比别的老师要好一些。"沉吟了一下，我说："在目前的教育状况下，做老师是有些无奈的，尤其是做一个有思想有良知的老师是很无奈的甚至是很痛苦的……"我接着说了一通我的无奈和痛苦，我相信聪明极了的她肯定听懂了。我怕她接下来说一句："看样子您很难学习小林宗作先生。"便赶紧离开了她。

我该怎样教孩子

要是硬在我的身上找到什么值得骄傲的地方，那可能就是我知道用现代教育理念教育孩子。过去我没孩子或孩子太小，现在孩子逐渐长大了，到了英雄用武之时，我却踌躇起来了——我究竟该怎样教孩子？

尽管我是那么想把那些先进的现代教育理论都在我的教学中予以实践，但在目前这个大环境下，充其量也只能实践其廿之一二。每当我工作不顺心的时候，我就想：等我的孩子长大了，我把这些教育理论及其它们所确定的教育方法用到我的孩子身上大概不会有人来限制我、批评我、指点我、非议我了吧。我曾在《杂文报》上看到这样一件事，说一位父亲十分不满学校应试教育的那一套，愤然把他的女儿领出了校门，边走边甩出一句话："走！我们不做这游戏了。"当然，我知道这位父亲所说的"游戏"不是指那些能促进孩子们身心发展的有趣的活动，而是一个贬义词，是指那些为了应试而进行的琐碎而无聊的一套又一套。我曾经用两句话来概括应试教育："用意义不大的形式折腾老师，用作用不大的知识整治学生。"我这句话的要旨大概就与这位父亲的"游戏"之义相近。老实说，我十分欣赏这位父亲思想的深刻和头脑的睿智。但我又不能不为他担心：倘若你不能把女儿送到国外，中国的学校大概都是大同小异的。还有一个办法是：不进学校，自己来教。倘如此，又要上班又要做家庭教师，恐怕会把你累得够呛。我当时还想：待我的孩子长大了，我是没有能力把她送到国外的，自己来教，不失为一条出路。

现在我可以开始实施我的教育计划了，但我又踌躇了。因为我太爱我的孩子了，我不能不担忧她今后的孤独。根据我所信奉和秉持的教育理念及我所制订的教育计划，我会把我的孩子教得一点一点地与她周围的孩子不同起来——她会好动、好想、好问；她会喜欢争论，喜欢审视，喜欢说"不"；她会独立思考、自主自重，具有不可扼制的批判精神和怀疑精神；她会真诚爽直、个性鲜明、尊严坚挺。她不会依附，不会盲从，不会迎合，不会阿谀，不会含含糊糊，不会皮里阳秋，不会郢书燕说，不会委曲求全，不会识时务而成俊杰。

而她周围的人呢？因为受着与她完全不同的教育，她们只能是……很显然，她一定会在将来的人群中显得鹤立鸡群或"鸡"立"鹤"群，她就一定会显得特别怪异，就肯定会遭非议遭嫉恨遭指责遭打击，一句话：她就会显得异常孤独。我想起了鲁迅，鲁迅曾不想要他的儿子跟他一样做文学家，大概是怕他儿子又苦又孤独。我不怕我的孩子吃苦，但我害怕我的孩子孤独，我深知孤独比吃苦可怕得多！

我还想到了鲁迅在《我们怎样做父亲》中说的一段话：那些先觉醒了的父亲各自解放了自己的孩子，自己背着因袭的重担，肩起黑暗的闸门，放他们到宽阔光明的地方去：此后幸福地度日，合理地做人。在教育上，我无疑算得上一个先觉醒了的父亲，我也有决心去肩起应试教育的闸门，放我的孩子到理性教育的光明之地去。我预想，从此，她的确可以合理地做人了，但却不能幸福地度日，甚至离幸福越来越远了。——这个矛盾连思想家的鲁迅也没有想到。

我究竟该怎样教育我的孩子?!

学会惩罚

老师和家长惩罚学生或子女的事情是常发生的。他们的惩罚在我看来可以分为三个层次：一是那些体罚和变相体罚的行为，如拳打脚踢、捆耳光、鞭打、罚跪、恶言训斥，甚至咒骂等；二是那些比前者要温和些的似乎无伤大雅的手段，如罚款、罚站、罚扫地擦黑板门窗、罚重复做作业等；第三类是本文要提倡的那些正确的高明的让学生或子女受益甚至终生受益的惩罚。

一位中国学者到他的法国朋友家做客，吃饭时，朋友8岁的孩子用一小块面包逗小狗玩，狗跳起来碰了他手中的盘子，盘子掉下来碎成了几片。父母没有责骂他，也没有视若无事（因为一只盘子值不了几个钱），而是——母亲走过去对他说："你有错吗？"孩子分辩说："是小狗的错，是它撞翻的。"父亲过去把他带到房间里，要他好好想想自己究竟有没有错。十几分钟后，孩子走出房间对父母说："小狗有错我也有错，我不该在吃饭的时候逗狗。"父亲笑了，说："你要为今天的错误承担责任，一是要收拾餐桌，二是要拿出零用钱赔这只盘子。"孩子欣然同意了（《读者》2001年第11期）。这件事里也有批评和惩罚，只是不像我们所进行的那样明显罢了，因为它是在尊重、平等、平和的气氛中进行的。但教育的效果却是明显的——孩子懂得了犯了错误不要推脱；犯了错误是要付出代价的，哪怕这个错误很小。

俄罗斯前总统叶利钦，小时候十分调皮捣蛋，让老师和家长大伤脑筋。但他学习成绩好，且对建筑很感兴趣。叶利钦在外面闯了祸后，父亲对他惩罚的办法就是怒吼加皮鞭，而叶利钦只是趴在地上咬紧牙关一声不吭地忍受，却从未想过痛改前非。而他爷爷对他的教育方法则不同。一次叶利钦闯了祸后回来，爷爷对他说："你给我在院子里盖一个带更衣室的小澡堂以此作为对你的惩罚。"叶利钦自己搬来木料，自己设计，敲敲打打几天后，果真盖了一个令爷爷很满意的澡堂。显然，这种惩罚一箭双雕，既算批评了他，也发展了他的兴趣。1950年，叶利钦如愿以偿地考入了乌拉尔工学院建筑系（见长春出版社出版的《叶利钦》）。

在英国皮亚丹博物馆收藏着著名的解剖学家、1923年诺贝尔医学生物奖获得者约翰·詹姆士·麦克劳德的两幅画：一幅是人体骨骼图，一幅是人体血液循环图。这是他当年读小学的时候画的。当时，他出于好奇心，想看看狗的内脏是怎样的，便杀了一只狗，而这狗恰是校长的宠物。他诚惶诚恐地准备着接受校长的惩罚，而校长的惩罚却是：要他画两幅画，一幅是人体骨骼图，一幅是人体血液循环图。这就是博物馆所收藏的那两幅图（见柳斌《三讲素质教育》）。这位校长将惩罚变为了对学生好奇心的保护和引导。

中国也有不少变惩罚孩子为引导孩子的教育案例。一天，陶行知先生看到一个男生要用砖头砸同学，他赶紧制止并叫他到校长办公室去。等陶行知回到办公室时，这个学生已经在等他了。这时，陶行知掏出一块糖给他，说："这是奖励你的，因为你比我按时来了。"接着又掏出一块糖给他："这也是奖励你的，我不让你打，你立即住手了，说明你很尊重我。"接着陶行知又给他第三块糖："据我了解，你打同学是因为他欺负了女生，说明你有正义感。"这时，学生哭起来，说："校长，我错了……"（见2002年6月15日《教师报》）陶行知先生在对学生进行惩罚和批评时，另辟蹊径，吹毛求"优"地化批评惩罚为表扬奖励，让学生在出乎意料中感化、悔恨，起到了任何惩罚和批评都起不到的作用。

至今，惩罚仍不失为一种教育手段，但惩罚有正当与不正当之分，有高明与不高明之分，有有效与无效之分，有效果大与效果小之分，有正效与负效之分，有影响一时与影响一世之分。当我们对犯了错误的学生或子女要么简单粗暴，要么空洞说教，要么黔驴技穷、茫然无措的时候，看了上面的几例惩罚，我们不会受到一些启发吗？

女生来信

前天,我收到一封信,从信封上看,应该是阳慧来的。可是展开信,却让我成了丈二和尚。

阳慧是我的学生,三年前在我的班上初中毕业。起初,她不在我的班上,我也不认识她。她读初二时,学校响应搞素质教育的号召成立了兴趣班(美术班、体育班、电子琴班、舞蹈班、文学班、棋类班等),每周训练一个课时。她进了文学兴趣班,而我是文学班的辅导教师。

第一堂课第一个举手发言的就是她。后来,在整个文学兴趣班上发言显得最落落大方的、吐字最清晰的、朗读最富有感情的、对诗句的理解相对比较准确的也是她。如我在给他们上泰戈尔、汪国真的诗时,当我问他们:"鸟儿的翅膀系上黄金,便再也飞不起来了""我们可以走得很远很远,却永远也走不出母亲心灵的广场"等诗句怎么理解的时候,就属她的发言最为简练和贴切。

她不算高,大眼睛,圆脸,短发,两个大酒窝。她常常笑盈盈的,一副清纯、活泼又有点顽皮的样子。她看出我是喜欢她的。因此,她在班上的热情越来越高——在朗读、回答问题及班务上,她都是主角。

  进入初三，由于学生人数的减少，重新分班。阳慧分在三（5）班，而我却教三（3）班的语文。她向我要求进（3）班，我说你去跟（3）班的班主任讲。但她的数学考分低，教数学的（3）班班主任不同意她进班。第二天，她又从家里搬来父亲向学校说情后，终于进了（3）班。

  她在语文课上的确出了些风头。但她的数学成绩不好，班主任把她排坐在后面。前面的高个子学生常挡着她，她向班主任反映了好几次，但始终没有变换座位。她在班上的人缘并不好（与她的爱出风头有关），加上与班主任关系不好挨了几顿严厉的批评，而且那段时间她父母闹离婚，这些情况使她的情绪低落了很多，她甚至都打算不读书了。我发现了她的情绪变化，找她谈话，问她低沉的原因，她竟然流了眼泪。几天后，学校文学社社刊《中洲》征稿时，她交给我一篇稿子，是一首诗：

  "心情如此坏！/谁来与我同唱/这首忧伤的歌？/唉！算了。/只能独自唱。心情如此坏！/谁来与我分喝/这杯苦涩的酒？/唉，算了。/只能自己尝。心情如此坏！/谁来与我同诵/这首哀婉的诗？/唉！算了。/让我轻轻地吟。"我修改了个别词句后，它就变成了上面的模样。我把这首诗在《中洲》上发表了，旁边还配发了我写的一首诗《致阳慧》：

  "既然你是一朵/刚开始绽放的蓓蕾/世界应该在你的眼里新鲜/你应该用欢颜面对/未来的美好和无限/既然你是一朵/刚刚绽放的蓓蕾/你怎能拒绝阳光/露珠和雨水/错过生命的恩赐/说不定，当你还不曾轰轰烈烈地开放/枯萎就栖上你的蕾尖/你要知道/春天不等于没有严寒/你不要在短暂的严寒中哭泣/因为，眼泪不仅洗刷不去悲伤/反会把红艳冲逝。"

  中考结束后的第二天，她给了我一封信，信中说："马老师，中考结束了,我长长地松了一口气,我觉得自己考得还可以,这得感谢您。没有您的那首《致阳慧》,我就不会从消沉中振作起来,就不会有后来的进步。……毕业了,让我最留恋的就是听您讲课。您分析课文时的精彩议论,您朗诵课文时的丰富感情,我最爱听,仿佛那就是一种享受。3年中,我最喜欢的老师就是您。老师,您知道我的理想是什么吗?是当一名心理学家。我还记得小时候一件值得我得意的事:我和小伙伴常爱在一起玩刮刮纸。刮刮纸分两类,一类是好的(上面有人物画),一类是差的。一个小伙伴将刮刮纸分成两类,当然是反面朝上地摊开。我一下子就能猜出哪一类是好的,小伙伴们感到惊讶。老师,要是您,能猜出来吗?好了,还是别叫您猜这个简单的问题了。当时我是根据对方分刮刮纸时的神态表情猜出来的。当他把一块好的刮刮纸摊开时,手和表情都有点不自然,因为他担心我发现它。这是我小时候在心理学方面的成功,我以后要成为一位心理学家。"

一年多后,我收到一封来自海南的信。展开信便是这样几句:"马老师:您好!猜一猜,我是谁?我现在正坐在海南三亚市教师进修学校文艺幼师班的教室里。"原来,阳慧读了一年高中后,去了海南。她母亲离婚后在海南打工,便把女儿接到那儿去读幼师。就在这封信中她还写道:"我逐渐习惯了这里的生活,但我思念小河,思念小河的亲人、同学、老师,思念像一首寂寞的歌……昨天,我做了一个梦:我坐在三(3)班的教室里,很静,您突然叫我背诵课文。我把书翻开偷看,您竟然没有发现,还表扬了我。我向同桌做着鬼脸笑。……明天就是教师节了,中秋节也快到了。我遥祝您节日快乐!"

以后,我每隔一段时间就会收到她的信。在一封信中她向我提了这样一个问题,她说:"我与同学谈到我的家乡,她们说一点都不出名,说湖南还是蛮出名,她们经常看湖南电视台的《快乐大本营》,却从来没收到过湖北台。说得我这个湖北人真惭愧。您能不能写信告诉我一些关于湖北的名人名胜？"

在另一封信中，她说："我想念家乡和学校的时候，就把您的信翻出来看，一遍又一遍。您写信的表达方式，越看越像您给我们讲课时的语气。说真的，我好想再听您讲课！您的字不太好认，但辨认您龙飞凤舞的字迹也是一种乐趣。"

她跟我写了近20封信，没必要一一说到，还是让我把话题回到文章的开头。这封让我变成丈二和尚的信是这样开头的："×××：你好！"既没有称姓名，也没有称老师，而是用了3个"×"来称呼。她接着写道："刚从学校回来，便躲进了自己的小房间，在回家的班车上，我与同学们谈笑风生，但一回到家却觉得寂寞难耐。我打开录音机，唱的是那首我熟悉的《爱如潮水》，它唱得很轻。听着，听着，我想起了你，我的思念也潮水般地涌来。我找到你的信，又开始聆听你的倾诉和祝福，寻找你往日的亲切。"看到这里，我的心紧张起来。尽管她才是年仅十七八岁的女学生，但我还是想到了那个字——"爱"。我甚至想：这个阳慧也真是够大胆的，一下子把"您"改成了"你"！我带着加快了的心跳往下看："我正看着你的信，妈妈推门进来了。我慌忙藏好信，躺到床上假寐。我生怕她发现我的小秘密，她一向把我管得很紧，她坚决反对我谈恋爱等这类与学习无关的事。她总是把我看成一个简单的孩子。然而，我常常在内心深处问自己：我真的很简单吗？妈妈说了几句话，便走了，我继续看你的信。……在读初中时，你真是一个不太起眼的男孩，但现在你却变得成熟多了。你说我是一个纯情、漂亮的女孩，真的吗？还是这只是那些男孩子们惯用的甜言蜜语。……你说过段时间要来海南看我，真的使我很感动。但你来了，我跟我的母亲怎么解释呢？……"看到这里，我才明白，她这封信是写给她的一个男同学的。显然，是她把给他的信装进了给我的信封才造成了前面我的疑惑和误解。

第二天，我把这封"表里不一"的信回寄给了她，并附上了一页回信:"阳慧:你把应寄给别人的信误寄给了我,这是你的马虎造成的。寄错信只是生活中的一个小小的失误,没有造成严重的后果(只是让我开颜一笑,让你红颜一阵罢了)。但人生中有的事情是万万马虎不得的,是要慎而又慎的,否则就会带来苦果甚至恶果。但愿你用成熟的思想和稳健的步子走好人生!"

"聪明"的孩子

我有一个熟人,她丈夫在外面打工,自己无业在家专带小孩。她当然也有她的忧愁和烦恼;但据我的观察,只要她和儿子在一起,就不难发现她生的快乐、活的热情——她看儿子的时候,眼里充满了慈爱和希望;她聆听儿子讲话的时候,脸上会漾起抑制不住的微笑;她对别人讲起她儿子的"聪明"的时候,脸上便笑容可掬,还不时伴以咯咯的笑声。显然,她不仅认为自己的儿子特别聪明,且由此对儿子的未来和自己晚年的幸福有了很美好的愿景。

她常常对我们津津乐道儿子的"聪明"——

一次她带儿子去外婆家,玩了几天后,儿子要回来。外婆留他,说:"不回去了,就在我这里玩。"儿子说:"不行,我想奶奶的。"这时,她向儿子眨了眨眼睛,她儿子马上补充说:"我到奶奶那里玩一段时间,想外婆了就再来看你。"显然,他领会了妈妈刚才眨眼的意思——不能只说想奶奶,而不说想外婆;于是补上了一句起平衡作用的话。其时,儿子才6岁。她对我们讲这件事时反复强调说:"我当时真的只向他眨了几下眼睛,他的反应就这么快!"说时,眼睛笑成了一条缝。

爷爷生病,因无钱治疗而久卧床榻。一天,她与儿子一起去老家看爷爷。爷爷拉着孙子的手问这问那,其中有这么一句:"你爸爸又寄钱来了吗?"儿子答:"没有。他蛮久没寄钱来了。"其实,他爸爸在外打工,一个月工资两千多,几乎每月最多两个月要向家里寄一次钱。其时,儿子7岁。她向我们讲到这件事的时候说:"我在路上又没交代(叮嘱)他,他不知怎么这么有心计。"

她对我们讲到的远不止上述的两次"聪明",有些还要精彩得多,只是我记不起来了。至于两个人面对着儿子问他更喜欢哪个,即使其中一个很令他讨厌,儿子的回答也一定是:"都喜欢。"这种"聪明"对他来说只是"小儿科"。

我还想说一个女孩子的"聪明":一天,我去一个亲戚家作客,客人中还有一位年轻漂亮的少女。饭熟了,男主人坐上桌后招呼我们吃饭。我在男主人的对面坐下,少女走过来正准备在男主人身边的一个空座上落座,却被主人六七岁的女儿拦住了。她把一只手放在椅子上说:"这是我妈妈坐的。"男主人笑起来,对我们解释说:"她不能让女的挨着我坐,特别是年轻漂亮的女伢。有时,她妈妈不在家了,要是我跟哪个女伢讲了话,她妈妈一回来就连忙告诉她。"客人们听了都笑起来,笑过后,我还玩了点小幽默:"她是她妈妈权利的忠实的捍卫者。"

想想看,这是些怎样的聪明呢?这种"聪明",不是孔融让梨的聪明;不是司马光孩提时砸破水缸救出落水孩子的聪明;不是方仲永五岁能写诗的聪明;不是钱学森的导师冯·卡门六岁时就能口算多位数乘法的聪明;不是童年的莫扎特从鸟鸣啾啾和溪流淙淙中听出音符的聪明……他们的"聪明"实质上就是:他们过早地丧失了一个孩子应该持有的天真、简单、纯净、诚实、善良等特质,过早地具备了成人的某些生存技巧和处世的心机。他们的"异秉",不过是比别的孩子更早地"成熟"罢了。

罗曼·罗兰曾感叹:"尘世糟蹋了多少诗意、温情和纯洁的心地。"尘世不可能不糟蹋童心,问题是我们能否尽量少糟蹋些;人的一生不可能把童心完全永葆，问题是我们能否把部分童心永葆。谁都想挽住时光和财富的流失，却很少有人着意于挽留自己孩子的童心。不挽留也罢了，不少的家长竟然理直气壮地处心积虑地去催促引导孩子"早熟"。孩子童心太浓，"成熟"得不够，"成熟"得太迟，他们就担心孩子今后在社会上难以立足，更难有出息；孩子童心早逝，性情"早熟"，他们就放心了，甚至为预测到孩子今后在社会上人情练达得心应手的生存力和由这一生存力而可能带来的美好前程而心滋喜悦。像上述的这位对自己孩子的"成熟"的表现不是担心而是放心、不是抑制而是赞赏、不是批评而是褒扬、不是忧虑而是欣喜的家长，实不少见，且大有愈来愈多的趋势。雨果在《九三年》中说："塑成一个雕像，把生命赋予这个雕像，这是美丽的；创造一个有智慧的人，把真理灌输给他，这就更美丽。"我们的家长们的确也在向孩子们灌输真理，的确也在着力使孩子们美丽。"人善被人欺，马善被人骑。""老实作屁用！""没一点心眼，将来都是被人欺负的相。""你这么蠢（指诚实、正直、少心眼），将来肯定是个没出息的东西！""你不争，别人把你当憨宝。"这就是他们信奉并不断向孩子们灌输的"真理"；把孩子调教得自私、狡猾、虚伪、冷酷、锱铢必较、睚眦必报，这就是他们心中的"美丽"。我曾不止一次听到我的同事教育他的孩子："人就是要坏一点。"老师尚且如此，别的家长就可想而知了。

　　《圣经》有言："我实在告诉你们，你们若不回转，变成小孩子的样式，断不得进天国。"除了基督徒，可能没有多少人想进天国，但没有人不希望国强民富起来。国家富强，需要国民有童心有个性有活力和创造力。

苦辣酸甜说语言

提到语言，我有太多的话要说。我这一生，要说贫困给我的感受已经是够多够深够烈的了，但似不及语言。在我还不知道为贫困难受的时候，语言就已经开始让我难受了；在我通过几十年努力快要甩开极端贫困的时候，语言给我的难受感反而有增无减。我想，要是有一天我发财了，远离了贫困，但语言的难受感也不会离我而去。

首先便是父亲的语言让我感到难受。要说明这一点，我不得不用一些不敬的言辞。我曾经说过：我父亲是处在底层中的底层，是农民中的农民。这句话不是说我们家突出的穷，而是就父亲的工作（种田也是工作）能力和语言能力而言的。我的父亲不仅不能在力所能及的范围内选择最划算的事做，而且他在做一件不划算的事情时一般也不能选择最划算的方法。他做事很少效益明显，很少省工省时，很少干净利索。至于他说话，那就更糟了。他不是文盲，曾读过四年书，但我们队里那么多文盲没有一个不比他会说话。他说话的特点：一是从整体上讲条理不清，很少把一个问题说清楚后再说下一个问题；二是句子绞合，像一团乱麻，往往上句还没说清又开始说下句，下句还没说清又意识到上句没说清又回头去说上句；三是总是在要害的周围转圈，始终不能触及中心，像瞎子摘桃，每次快要够着的时候手又伸到了别处；四是因为没主见而总是把语言改来改去，张三这么说他跟着这么说，李四那样说他跟着那样说，王五有了新的见解他又跟着王五说；五是家里来了客人或向人家表示感谢时客套话说得太多太烦，施起礼来从未做到过适可而止——客气得啰唆，客气得低三下四，客气得像乞求。——要是真有什么事需要去求人家，他又怕开口了。也许有人会说：写文章的人真损，写起父亲的坏话来都要极尽渲染和夸张。其实，我真的没有夸张，我的笔再好张扬，面对父亲的缺点也只能缩手缩脚。了解我父亲的人就会知道我的笔是留了情面的。

如果父亲明知自己的缺点而惯于沉默，我断不至于对他的语言有这般的切肤之痛。但他却从不讳疾，对小事喜欢唠叨，对大事也总是乘机表现。如陪客人喝酒，队里开会时要群众发言，侄女们出嫁要他去做亲家，等等，他都要抓住时机表现一通。别人为他的语言难受是有次数的，而我的母亲和我们五个兄弟姊妹与他朝夕相处，这就把我们苦得够呛，差不多是在过一段漫长的炼狱。尤其是我，我是子女中的老大，读的书多些也有思想些，因此对父亲的不满就更强烈些，所获得的感受就更难受些。我之所以拼命地要跳出农门，除了要改变我的祖辈们所延承的那种命运外，还有一个更现实的原因——摆脱父亲的语言。

好不容易走出家庭，有了工作和单位，以为从此可以挣脱语言的泥淖了。不料，又有新的语言给我新的难受。我的职业是中学语文教师，对那些有搭配不当、逻辑混乱等问题的病句及一些知识性的错误有一种职业的敏感性。当然，这些问题出现在学生身上，即使再多，一般我也不会觉得难受。但这些问题在我的同事身上也时有发生，如有老师说："××大会圆满地拉开了序幕。"有老师说："我们要吸收××学生身上的优秀表现。"有老师问我："是宰相大些还是大臣大些？"有老师问我："和珅是哪个？"或者"缪斯是个什么人？"等等。此外，我还不止一两次也不止从一两个老师的嘴里听到他们这样教训不认真学习的学生："你怎么这么不在乎！你家里蛮有钱？你父亲当什么官?"这话的意思是很清楚的：如果你家里既不是很有钱，父亲也没有当官，你就应该认真学习；要是你家里很有钱，或者父亲当了官，你才可以不认真学习。我是一个对教师这个职业抱有理想主义的人，听到一个老师嘴里说出这样的话，不能不令我难受。

听同事说话，你还可以选择逃避；听领导说话，有时再难受也逃避不了。我就碰到过这样的领导，他一通知开会，你就得准备着难受。他讲半个小时你就难受半个小时，他讲一个小时你就难受一个小时。当然，讲话是难免要说"四话"的（大话、空话、套话、废话），但他的"四话"尤其多，且格外啰唆。智商低、水平差，而表现欲却特强。他讲话总是让我想到莫里哀的《贵人迷》中汝尔丹先生的一句话："一开口就出岔子，一喝彩就离题万里。"如他召集四十多个老师开会，总是会煞有介事地说："今天，我们隆重聚会……"仿佛老师们都有变身术，一个变成了几十个。他对学生作报告多次地说："要合法地遵纪守法。"他总是把"阐述"说成"单（dān）述"。教务处给学生的奖状上写了"以资鼓励"，他看到后说："这次又不给获奖的学生发奖金，写什么'以资鼓励'？"（他以为"资"就是"资金"）如此，等等。

我就忍不住多次当众（当然背着他）取笑过他的这些"金玉良言"，后来大都传进了他的耳朵，我也因此被穿了不少的"小鞋"。但我总不肯吸取教训，他每诞生新的"金玉良言"，十之八九我就又有了对他的新的不恭。魏明伦的川剧《巴山秀才》中，写到一个秀才临死了还在纠正总督念的别字，我的迂腐就近似了这位秀才。如果他是村长、是厂长、是居委会主任，我是不会这么在意他的"金玉良言"的，更不会这么取笑他。但他是一个学校的校长，这就不仅使我鄙视，而且激愤，而且忧虑——为中国的教育忧虑。

好几年前，我就开始思索这样的问题：为什么别人大都对语言处之泰然，而我对它却像林黛玉对贾宝玉的言行那样敏感，并生出不少的烦恼和痛苦呢？起初，我把原因锁定在我的父亲和我的职业身上。

但后来，我离开了父亲，好久才能听到他说几句话；后来我的领导也换了，素质高了些；后来同事们的说话中也少了一些可笑的东西。但语言并没有因此而变成天使。领导的素质再高，就算他不说一句错话，甚至不说一句假话和空话，但套话和大话是一定要说一些的。同事的话说得再正确、得体，但废话和假话也在所难免。就算我与领导同事接触少、谈话少，但我总不能不看报纸和电视。打开报纸和电视，我就能发现里面的空话、套话、大话。我一走进人群，就像孙悟空发现妖怪一样，不久就听出了人群中的废话和假话。酒席应酬上废话当然更多，每遇这样的场合，我就如白水鱼掉进了浑水中（与知心的好友应酬除外），听起废话来比喝高度酒还难受（我的酒量极小）。可见，把语言带给我的麻烦全归结到父亲和职业的身上是不无偏颇的。

　　后来，连我这个难以成熟的人也悟到了这么一条规律：生活中那些活得好的，几乎无一例外地都是些善于或较善于说废话的人。甚至可以这样说：是否会说废话几乎就是检验一个人现在或将来能否有出息的试金石。废话不仅不"废"，而且十分有用。后来，我又在一篇文章中看到了这么一段话："说话不仅仅是一种表达，它更是一种能力。思想里有什么就说什么那简直与傻子无异。说话正好是用来修饰、圆润、理顺和遮蔽思想的。"原来，语言有一个固有的重要功能——用来遮蔽思想！原来，思想里有什么就说什么的人，是傻子！"语言是思想的直接现实。"看来马克思的这句话应该修改为："语言是思想的外衣。"至少也应当改为："语言不过是思想的部分现实。"过去，尽管我没有读到马克思的这句话，但我却一直以为语言就是为了真实、准确地表达思想而存在的，一直以为心口一致是可贵的美德。难怪语言给了我那么多的难受、烦恼和痛苦！难怪有的人能无论在什么语言中都处之泰然，甚至如鱼得水！

　　有了上述彻悟后，我对语言的态度就平和、宽容得多了。从此，我的人缘好多了（因为也开始学说废话了）；从此，我的身体也好了些（所谓心宽体胖）。而且，读书的理解能力都有了提高。譬如，当我看到胡适的"历史像个小姑娘怎么打扮怎么像"这句话时，一下子就懂了，而且以后再看历史就不那么死心眼了。

  上面说了语言的这么多坏话，现在该说说它的好话了——有几句关于它的好话我是不会忘记的。我的职业是教师，而且是语文教师——我是靠语言吃饭；我是一个文学爱好者，几乎每天都要阅读和写作，语言是我的精神食粮——在语言中我获得了宝贵的人生享受。因此，如今我对语言的态度是：在阅读和写作中亲近它、热爱它，在世俗生活中憎恶它、宽容它、善待它。我这里所说的"善待"，是指忍性平和地接受它，尽可能少地污损它，有耐心地改造它。对任何人来说，要活着，是无法与语言绝缘的，是无法一概唾弃它的，就像我们的舌头唾弃不了苦辣酸甜一样。因为语言掩盖思想，也表达思想；语言是离心力，又是黏合剂；语言让世界复杂，也让世界简单；语言最苦涩，也最甜蜜；语言是丑的，也是美的；语言令人憎恶，也令人热爱；语言使人低贱，也使人高贵；语言是冤案钉铁，也是铁证如山；语言是卑鄙者的通行证，也是高尚者的墓志铭；语言是独裁者撒向天下的镣铐和绳索，也是建立自由世界的砖瓦和檩柱……

衣锦还乡

他叫师之尊，是县城某中学的教师。

尽管他老家就在本县的一个村子里，距县城不过 70 里，但他却差不多两年没回去了。国庆长假，他决定回去一趟，一来他的确有点想回去看看了，二来哥哥来电话说侄女要出嫁，要他回去做"来亲"（"来亲"就是送女儿出嫁的女方亲家）。

他喜欢穿皮衣，过去他曾买过几次皮衣。但都是人造皮或劣质皮，价格在 200～500 元之间。穿这样的皮衣，如果不和穿真皮衣的人待在一起，还能过得去。否则，立马就显了差别、出了层次、露了寒碜、生了不安。

前不久，他终于狠下心花两千元买了件真皮衣，遂了他的夙愿。这可是他四五个月省吃俭用的结果。

那天，当他租坐的一辆的士在哥的门前停下、耸着气派的皮衣从车里钻出来并受到哥嫂、侄儿侄女、亲戚、邻里的热情迎接时，他的确生了点衣锦还乡之感，尽管他同时也意识到一个教书的生出这样的感觉是有点可笑的。

哥哥家来了不少客人。做客的一般都要穿上自己最体面的衣服，但师老师的到来还是让客人们立马显出了土气。

刚坐定，海哥走过来问他："你们这次怎么要收 280 块钱？"这位表哥的儿子在他们学校读高二。师老师说："资料费 160 元，早晚自习及周末补课费 80 元，再就是水电费 40 元。""水电费不是在报名的时候就交了吗？""我没做班主任，具体是哪些项目我还搞不太清楚。""你问这么清楚干什么？反正要你交你就得交，问清楚有什么用？""要收钱还找不到个理由？""只要老师开口就得交！只要一句话，伢们回来把你吵死。""比镇里村里的干部收提留还有效得多。""说今天要交，你明天交都不行。你不给钱，他就不去学校。""只有老师的钱来得容易，张口钱。"……说到收费，客人们就七嘴八舌起来了。师老师含笑听着，并不插话。

"你这件皮衣要多少钱？"海哥走近一步，捏着他的衣摆问。

"一两千块。"

"一两千块！"旁边有人咂舌。

"你的这是什么皮衣？"海哥把手伸向旁边一个客人身上说："手感大不一样。他的又细嫩又软和，你的硬邦了。""我的哪能跟他老师的比？他的价格比我的多十倍还不止。"

"你这件衣服上有一个袖子是我的呢。"海哥把手移到师老师的袖口上，微偏着头，笑嘻嘻地盯着表弟说。

"他的一个袖子值好多钱，他得了你这么多钱？"穿假皮衣的客人说。

"我的伢儿在他们学校读了一年半，少说交了六千块。就算他们学校一百个老师，分到他身上也有 60 块。"

"60 块买得到一个袖子？"

"一个袖子……买不到。——可以买一个角啦。"海哥把手移到师老师的衣角上……

师老师笑着听他们争论和计算。他想分辩几句，说你的伢儿向学校交了五六千块是用作学费和杂费的，不是都由老师们给均分了。但他并没有开口。一是觉得表哥的话多少有开开玩笑的成分；二是觉得

自己的分辩并非十分理直气壮——老师们工资的一部分、补课费、节假福利、教学奖金的确都来源于向学生收取的学杂费。尽管国家一再强调不能乱收费，但学校总要想办法收一些，不收，这些钱从何而来？仅靠财政拨付给老师的那点工资，就是再节约，也买不起这件皮衣。

不久，海哥们转换了话题。

第二天下午，师老师随着接亲的车队到了亲家。这样的日子，来亲是最受尊敬的。晚上，师老师和媒人被恭恭敬敬地请上了上席。敬酒时，有人介绍说，这是新媳妇的三爷（方言，即三叔），在县城教高中。"当老师……现在只当老师好。"媒人说。"过去是臭老九，现在吃香了。"有人接着说。"老师，哼，老师……老师都是吃伢儿肉的。"坐在师老师对面的一位中年客人接着这样说。

媒人似乎觉得这话说得过分了点，就出来打圆场："现在，学校收钱的情况还是比以前好了些。"

"好个屁！我有一个伢儿读初三，一个伢儿读高三，这次光交什么照相费、资料费、报考费就得三百大几。"那位客人的脸更阴沉了。

"有些钱不收，学校也没办法。"媒人继续说。

"除了学校要开支"，中年客人又说话了，不过他脸上似不再阴沉，含了点笑望着对面的师老师说，"老师吃好、喝好、穿好，钱从哪里来？"

师老师想说点什么，抬起头发现客人似乎在看他的皮衣，他就生了几分不自在，干脆什么都不说了。

说 勤劳

  我赞美勤劳——

  首先，因为"勤劳"是中国人身上表现得最为突出的民族优点。如果有人给我出一道命题作文，要我就中国国民性中的某个缺点写篇文章，我选择的余地就比较大。但如果要我写国民性中的某个优点，可供我选择的余地就少了，至少在我的脑子中是少的。我的脑子中似乎只有"勤劳""智慧""坚韧"等几个褒义词，且"智慧"在中华民族身上体现得似乎并不比其他民族更为突出。譬如，你能说犹太民族没你中华民族智慧吗？你能说俄罗斯民族不够智慧吗？总之，中华民族最突出的优点，或者说带了点个性化的优点，就是"勤劳"和"坚韧"了。"勤劳"和"坚韧"，这就是中华民族这只孔雀可资开屏的两翼。

  其次，因为中国人民用几乎表现到了极限的勤劳把人类生存的韧性体现到了极致。在几千年里，社会和自然双重恶劣的生存环境几乎始终与中国人民相生相伴，且不少的时候还表现得极为恶劣。"是活着还是死去"的问题，总是不期而至地摆在他们面前，他们一般总是凭着"勤劳"给予的无限的生存潜力和底气选择"活着"。难以想象：如果没有我父母亲的特别"勤劳"，我很可能早在 20 世纪 60 年代的初期就饿死在襁褓中了,最多我们同胞五人活过来,根本不可能平均读上七年书。

但我又诅咒勤劳——

细想一下,"勤劳"和"坚韧"并不是100%的褒义词:"坚韧"与忍让、妥协、懦弱密不可分;而"勤劳"却与贫穷和落后紧密相连。前面说了,如果没有我父母尤其是我母亲的勤劳,我们兄妹五人根本不可能有这种并不算好的今天(纵向比较已算不错,只是横向与别人比较还不算好)。我曾多次被母亲的爱感动得流泪,更具体地说是为母亲的勤劳而流泪。中年以后,母亲的勤劳带给我更多的是生气和恼恨:我曾多次劝她老人家注意身体,适当休息休息,但她总是勤劳,勤劳,勤劳;尤其是她生病后的勤劳,让我们担忧和不安,也更让我恼火。林语堂先生曾说:"一个人懒惰等于将自己活埋。"但是,类似于我母亲这样的勤劳,又何尝不是一种慢性自杀。"勤劳"是使母亲生病且过早离世的罪魁祸首;勤劳是使母亲的病百药无效、久治不愈的解药魔王。父亲和戚友乡亲们每每念及母亲的死,总是感叹出三个字:"划不来!"这"划不来"的内涵,就是一生勤劳不辍,没有享过一天清福,一遭人做得太亏。过去,我的三妈也是勤劳的,其勤劳的程度似乎不在我的母亲之下。但如今她已经变得不再勤劳了,与她从前的勤劳相比简直可以说有了几分懒惰:每天除做饭和洗衣外,就是打打牌、聊聊天、串串门,有时还到影剧院看看老戏。虽喂了两头猪,但收猪食和给猪食基本上是三伯的事。即使做做老两口的饭菜也不是每天要做的,因为他们经常外出做客。我的三妈之所以不再勤劳了,是因为她的七个子女全部成家立业了,且大多混得不错;三伯从信用社退休后每月拿1300多块的退休金,足够老两口不依赖任何人过优哉游哉的小康生活。

与其说勤劳是因了国民特质的良善,不如说是因了国民生存环境的恶劣。蜗牛只能缓慢地爬行,牛只能干又苦又累的活,这肯定不是它们自愿选择的行为方式和生存手段,是造物主安排了确定它们各种性状和命运的基因，它们只得无奈地接受。几千年的贫穷落后，几千年的坚忍顽强的生存，铸造了中国人过分勤劳的特质。勤劳，是造物主配就苦难民众的基因。如果说勤劳与幸福成正比是真理，那么勤劳与幸福成反比也应该是真理，难道我的三妈的事例还不足以证明勤劳与幸福的此消彼长吗？人不仅仅是为了个人的幸福而拥有美德。这样想时，我才没有否认勤劳是一种美德。我也不否认勤劳能够创造幸福，但勤劳有时的确是不能幸福或难以幸福的表征。

但我又要呼唤勤劳——

物种的繁衍总是遗传伴随着变异，一个民族的特质也在代代相传中缓慢地变化着。我以为：在中华民族的诸种特质中，变化最大的正是"勤劳"。在我的父辈之前的两千多年里，这一特质变化得十分缓慢，甚至可以说没有发生什么变化。但在最近的三四十年里，这一特质的变化猛然加快。过去是极少有人懒惰，如今是极少有人勤劳。如果把50岁以上的人撇在一边后再观察，你难得找到几个勤劳的人。如果把为美而付出的劳动不算作劳动的话，则勤劳离人们就更远了。即使勉强把为美而付出的劳动算作勤劳，勤劳的人所占的比例肯定也不会超过五分之一。如今的年轻人，阅读一个勤劳的身影就犹如阅读一部天书。

当然，现在的生存环境已经大为改善了，客观上已经不再需要人们像过去那样牛马似的勤劳，但历史还不曾发出"把勤劳扔进博物馆"的指令。时代的发展与个人的幸福不要自杀似的勤劳，但也不要活埋似的懒惰。林语堂先生还说过："年青人最黑暗的时光，是当他们坐下来默想如何不用劳动而获得金钱的时候。"现在越来越多的年轻人正陷入这种黑暗中，他们最羡慕、最渴望的就是不劳而获——而且是不劳而有大获。试想，如果如今的年轻人只具备我们父辈或祖辈四分之一的勤劳，他们与父辈尤其与祖辈之间的代沟会如此深吗（老一辈最瞧不起和最看不惯年轻人的就是懒惰）？神州大地会有如此普及的麻将声吗？会有那么多农妇一针不拿、一扣不钉吗？会有那么多的家庭是显眼的地方纤尘不染，不显眼的地方一塌不及吗？会有那么多的家庭因某方或双方好逸恶劳而相骂吵架甚至离婚吗？会有那么多中学生乃至大学生不能进行简单的生活自理吗？如果不是害怕吃苦和劳累，会有那么多的女人选择做三陪、做暗娼、做"二奶"吗？

从可笑地活着到幽默地活着

妇女节到了,我们的邻村——神皇洲村——组织全村妇女到大队部开庆祝会。开会前由妇女大队长喊口号,她举起拳头喊:"热烈庆祝——""热烈庆祝——"人们跟着喊。"三八妇女——""三八妇女——"停了一会儿,团支部书记凑到耳边提醒她:"还掉了一个'节'。"她连忙举起拳头补喊一句:"还掉了一个节——"

几年前,回老家后与本家的一位老哥闲谈。他忽然挺认真地问我:"他们说马克思不姓马,他到底姓不姓马?"当我做了回答后,他挺失望的:"我还说我们马家屋里出了个大人物,原来不姓马。"

我在村办小学教书时,有段时间是本村一位少妇在学校食堂做炊事员。一天,我去打饭时发现她那天显得格外漂亮,就随口开了个玩笑:"你今天好动人。"她说:"今天不冷呀!今天冷什么?"(她把"动人"理解为"冻人"了)

我在永合中学任教时,学校附近有位村民很关心国际国内大事。我没课出去走走时,常在小集市上碰上他。一碰上,他总要与我放眼一通世界。有一次,他问我:"你晓得吧?美国又出事了,又落下了三架飞机。"我摇摇头说:"还没听说。""你听,又在说。"这时,村里的广播正在播音,我侧耳听到:"……美国洛杉矶……""是吧,又落下了三架飞机。"（"洛杉矶"谐音"落三机"）他的语气和神情都显得挺高兴，既为这广播及时证明了他的信息的准确，更为一向欺负中国的美国佬的遭难。

我们村有位支部书记的爱人很能干，不仅是贤内助，还是贤外助——常常参与丈夫的公务。有段时间，村里有些干群非议她的丈夫，她很是气愤。那天，我和另外几个村民在她家坐着，她说起了这件事，又来气了："……有些人只在背后议论，开会不说，背后乱说。他（指她丈夫）每次开会都要大家畅（唱）所欲言，唱都可以唱，还有什么事不能当面说的呢？"

去年，我办公室里的一位同事讲了发生在他老家的一个笑话：秦婆的孙女外出打工后寄了不少钱回来，不久，家里盖起了高大的楼房，也引起了村民们的纷纷议论。一天，另一个婆婆羡慕地与秦婆一起谈起了她的孙女，秦婆说："听人家说我的孙女在外面卖淫。卖银（淫）都这么搞钱，卖金不更搞钱些？！"

我从青年杂文家余杰的文章里知道，北京有位年轻的记者，收集了现在许多民间幽默故事，写了一本书叫《幽默的大多数》。于是我想，尽管我们有老子、庄子、鬼谷子和《儒林外史》等古代的幽默大师和幽默大作，尽管我们也有为数不少的现代民间幽默；但如果就由此下结论说，我们的民族具有幽默特质，我们十三亿多人中有着幽默的大多数，显然是言过其实的。我始终认为我们的民族是一个缺少幽默感的民族，现在如此，过去尤甚。林语堂先生说："幽默是智慧之刀的一晃。"又说："幽默像搔痒一样是人生的一大乐趣。"余光中先生说："幽默是荒谬的解药。"鲁迅笔下阿Q的那些"名言"是幽默吗？只不过是愚昧和滑稽的经典表演，是创造荒谬，而不是解构荒谬。我在上面所记叙的这些生活中的实录，又何尝不是愚昧和滑稽？严格地说，我们所称道的幽默中还有许多不叫幽默，只能叫笑话，有的还是低级或辛酸的笑话。张艺谋的电影就是拿农民的笑话去国际上获奖，而不是拿农民的幽默去获奖。我们生活中的真正幽默是偶尔的、稀有的，幽默还远未成为我们民族性格中的一个稳定的特质。

幽默的发展是以解除愚弄为基础的，是同心智的发展并进的；只有清醒的、睿智的、既有棱角又有宽容的头脑多起来，幽默才能丰富起来。要是我们的生活中果真是幽默的话大大多起来了，幽默的人大大多起来了，这不仅是我们的国民文化素养提升的表征，也是我们的国民活得更理性、更自由、更幸福的表征。让国民少一些沉默、木讷和辛酸的笑话，多一些智慧、俏皮、或锐利或轻松的幽默——让国民从可笑地活着到幽默地活着，这就是我们面临的精神建设之途。

活在底层的好处

  活在底层有什么好处？"底"，基本上意味着"穷"，有太多太多的愿望实现不了，有好多好多的享受让你想都想不到，或者是想到了也像星星般地遥远。"底"就是"低"，"低"就是"贱"，至少接近于贱。不可能有什么人崇敬你、奉承你，不可能有多少掌声和鲜花为你而拍或开。

  尽管这样，活在底层还是有好处的。我的母亲在城里生活了几个月，感觉像在地狱里一般。要问她活在底层的好处（要是她理解"底层"之义的话），她会不假思索地回答：空气好；安静。粗听，这个回答对极了；细想，却犯了以偏概全的错误——她把"底层"理解为"农村"了。大城市就没有底层吗？处在大城市底层的人能比处在高层的人呼吸到更好的空气和更少遭受噪音之害吗？

  要是将这个问题去问那些在官场上混过的人，如果是掏心掏肺地说，那么十之八九的回答就应该是："活在底层的好处就是自由，不必察言观色，谨小慎微，唯唯诺诺。"这种回答也跟我的母亲一样是以偏概全。底层就不存在干部——大小也是干部？乡村是底层，里面有村长和乡长；农村中小学是底层，里面有主任和校长；工厂是底层，里面有经理或厂长……村长、教师、工人要保住自己的职位或饭碗容易吗？在稳住了现状的基础上求发展（往上爬）容易吗？因此，村长在乡长面前、教师在校长面前、工人在厂长面前未必就比局长在县长面前、县长在省长面前显得随便自由,其察言观色、谨小慎微、唯唯诺诺的情状很可能比那些上层人物更显得露骨可怜可悲。

我想,活在底层的真正独有的好处只有一个,那就是离真理最近。对获得真理而言,老百姓是近水楼台。

上面热烈讨论的、激烈争论的、苦苦探索的好些问题,在底层的老百姓看来简单得几乎不用思索。如20世纪70年代末期的关于真理标准的大讨论,要老百姓回答起来就是"事实说话";前段时间看到报纸杂志上有这类争论:我们是过上了小康生活还是接近了小康生活;2001年1月1日是一个极特殊的日子还是一个平常的日子;我们的九年义务教育究竟普及到了一个什么程度;社会上是处处有雷锋还是处处少雷锋……老百姓们对这些问题个个心知肚明。

人们在上面待久了,下来转转时,如果不是有着十分睿智的头脑,再加一双火眼金睛是很难看到实质的。罗素要不是有这样的头脑和眼睛,这位社会主义的热心者在十月革命胜利后去考察苏联时就不会发现苏联在暴力革命、阶级斗争等方面的问题。高尔基要是没有这样的头脑和眼睛,这位所谓的"无产阶级文学的奠基人"、列宁的座上宾,就不会写出《不合时宜的思想》,只会写出"合时宜的思想"。老百姓既不要睿智的头脑又不要火眼金睛,只要不是弱智不是色盲就能看清真相抓住实质掌握真理。李昌平头脑的睿智和眼睛的明亮,当然不能与罗素和高尔基相比,但他能够向总理提出"三农"问题,是因为他只是一个乡的党委书记,大多数时间接触底层。

谁不喜欢民谣!因为民谣大多用简练、精辟、有趣的语言抖出真实,揭开真理。民谣真实得令人痛快,精辟得令人痛快,有趣得令人痛快,不止说者痛快,听者更痛快。民谣是谁创作的?当然是生活在底层的人,上帝让他们接近了真理,才成为没有名气的语言大师。

一句话:上帝是公平的——让他们远离荣华富贵,却让他们接近真理!

说"活"

当"活"作动词时,理解为活着,意即生命的继续;当"活"作形容词时,理解为灵活、活跃、活泼。而后一种理解又可以分为两类:一类是褒义的,即正当的活、美好的活、君子的活;一类是贬义的,在或大或小或明或暗的违法乱纪中表现出来的小人的逍遥和潇洒。不过如今的世俗已经使有些词的感情色彩发生了变化——本来是褒义的,却常常被人们贬着用;本来是贬义的,却常常被人们褒着用。

在官场上随处可见这样的人,左看右看他们都只适合做个普普通通的人,但偏偏他们居人之上,甚至高居人上。奥秘何在?他们中的大多数也没什么后台,人们往往将它归结于命运,而我却将它归结于"活"——一种察言观色的细致,一种八面玲珑的活泼,一种左右逢源的周密,一种投机取巧的灵动,一种可屈可辱的随便,一种彻头彻尾的现实主义的"实"心眼,一种万难可排万棱可圆的韧性和耐力。这些人别看他们才华平平、能力平平,但他们绝对是有特长的,这个特长就是"活"。王熙凤活,因此贾母喜欢,贾政青睐,众人拥护,连刘姥姥也感激,把上上下下左左右右都玩活了。她就是一只鸟,社会仿佛是为她而存在的天空;她就是一条鱼,人间仿佛是为她而创设的海洋。"死事活人办"，这才有了无数个死而复活的事，才有了法律、法规、原则的无数次屈服。

尽管比尔·盖茨发财靠的是知识，李嘉诚发财靠的是诚实，但某些人赚钱，十之八九靠的是"活"。有句话叫"无商不活"，倒过来说也恰当："无活不商"——在市场经济不规范的社会尤其如此。豆腐渣工程是怎么出现的？就是工头或老板们对承包合同对质量监督者对建筑材料进行了"活"的处理。赖昌星深通"活"学，才创造了他的商业神话和腐败奇迹。本人也曾经过几次小商，深感赚个三五千也如上蜀道，我对那些财源滚滚的大款们只有羡慕、敬畏的份。我再三思考其原因，只能归结为：活脑筋活语言活脸面活手腕远远不够。

近些年来，"爽""酷""活"是使用频率极高的口头语。"爽""酷"是年轻人用得多，而"活"却是老少咸宜，众口不离。"他活得很！""这事是活的。""要搞活嘛！""活如流水！""玩得活。""活点玩。""脑子活点。""死事活人办。"等等，充斥于耳。人们一向难以言行一致，但在"活"字上却高度一致了。

人的身体要灵活，首先必须没有束缚和障碍。活人为什么这般活？就是因为他们的内心无真理和正义之障，无廉耻之碍，无道德之束、无人格之缚，无诚信之念。最活的人，往往是那些不仅视法律、原则、政策如敝屣，而且能把人格和尊严作活处理的人，最活的单位恰恰是民主最死的地方。活人太多的国家，必定是难以法治的国家；所有的人都活起来，这个民族就要死了。

最后，让我的这篇以说"活"为题的短文以说"氟"结尾。请读者把《现代汉语词典》（第5版），翻到419页，在"氟"字下你能见到这样的注释：气体元素，符号F，淡黄绿色，剧毒，有强烈的腐蚀性和刺激性。化学性质非常活泼，与氢直接化合能产生爆炸，许多金属都能在氟气里燃烧。含氟的塑料和橡胶，具有特别优良的性能。

从"赖昌星是什么人物"说起

前不久,不知什么起因,我与几个同事在办公室谈起了赖昌星。另一同事进来,见我们谈得热闹,就随口问了一句:"又出了个贪官。赖昌星是什么人物?是省长还是市长?"照理说,一个中学语文教师竟然对一个在中国乃至世界"走红"的人物一无所知,多少会让我觉得出乎意料。但这话从这位老师的嘴里说出来并不让我吃惊。因为我是了解他的:他除了认真备课、改作业、上课外,很少读书看报,业余时间就是闲聊、打球、下象棋,有时还给做生意的妻子帮帮忙。我还清楚地记得,也是这位老师在叶利钦退了一年多后问我:"现在俄罗斯不是叶利钦了?"(意即不是叶利钦当总统了?)也是这位老师,曾问我:"缪斯是哪个?""比省长还要大。"我没好气地回了一句,并低头开始批改作业。"还要大?不是政治局委员了?""哼。"我懒得答理他,随便点了点头。"政治局委员!这恐怕是中国最大的贪官呢!"他吃惊了。

尽管我对这位同事多少有些轻蔑,但不少的领导、老师、家长还是看好他的。他长期带初三语文(在我们这所初级中学,这就是被重用的标志),而且他所带的班级在期末或升学考试的排名中经常居同类班第一名。受表扬频率最高的是他的备课。他备课时总是把教材和教参钻得很深,备课本上写得密密麻麻。我们学校每学期要检查3～5次备课本,而且要把检查的结果予以通报,每次归于优类受到表扬的都少不了他。每当领导表扬他的时候,我就忍不住要想:何为优秀教师?怎样才算备好了课?

我以为备课是有广义和狭义之分、直接和间接之别的。狭义的备课,就是指教者钻研教材教参,然后写教案的办公行为。而广义的备课,既包括一个教师的知识量的储备和增添,也包括其日常见闻的广大和人生经历的丰富,还包括其人文思想的加深和精神境界的提高。因为一个教师的学识、见闻、经历、体验、思想,都可能被经意或不经意地在某个时间带进课堂,成为他教案上看不见的部分,化为影响学生的雨露和养料。直接备课,就是写教案的过程;而间接备课,几乎涉及一个教师的全部生活,几乎是无处不在无时不有的一种隐性行为。

我以为广义上的备课比狭义上的备课更重要。广义上的备课做好了,狭义上的备课做起来也就轻松了,教学的翅膀也就获得了自由翱翔的空间——教者就能在课堂上收放自如、左右逢源。如果教师广义上的备课做得不够,狭义上的备课做得再好,上起课来也难免拄着拐杖行走,发挥得再好也不过是麻雀在屋檐下的扑棱。

由此可见,如果我们全面正确地理解了"备课",这位老师备的课恐怕就难受表扬了。即使我不说,内行的人也知道:这样的老师教学效果好,并不是因了他功底硬、能力强,而是因为他把教材、试卷钻得深,考点摸得透,题海战术打得好。一句话,是应试教育让本不出色的教师"出色"了。

有些人形式主义搞惯了,只重硬件不重软件,只见表面不见实质。报纸、杂志、电视、大会、小会不断地向他们灌输现代教育理念,但那套陈旧的评价机制在他们的头脑中和实践工作中,始终不见多大的改变。

什么时候那些不知赖昌星为何人缪斯为何物的老师不再"优秀"了,我们的教育才算有了点改变。

Wei Ai Jiao Shu

教师，让我怎么尊敬你

我感受到的语言的浮夸与苍白

一、课文分析中语言的浮夸与苍白

一次,听一位语文老师的公开课,他上的是《我的叔叔于勒》。他在批了一通资本主义社会人与人之间赤裸裸的金钱关系后,提问:"菲利普夫妇的女婿为什么在两姊妹中选择的是 26 岁的小的而不是 28 岁的大的?"学生都答不上。学生和听课的老师都以为这里面有什么玄妙,都聚精会神地等着这个老师的结论。老师亮出的答案是:"因为小的年轻漂亮。"接着,他又批了一通资本主义社会腐朽的价值观——只重外貌,不重心灵。听到这里,我忍不住笑了:小的就一定漂亮?社会主义国家的人都喜欢丑女?

还有一次,听一位老师讲《孔乙己》。他分析说:"鲁迅先生为什么要把孔乙己写成一个身材高大的人呢?这样安排是有深意的:一个身材高大的人比身材瘦小的人更能自食其力,但孔乙己却四体不勤、好吃懒做,导致衣食无着,直到偷窃而被打成残废。'高大'更能突出封建制度对人的残害。"这时,我想:鲁迅先生在写孔乙己的外貌时很可能就是根据生活中的原型来的。也就是说,如果孔乙己的原型在鲁迅的印象中是瘦小的话,他也会写成瘦小的(瘦小不等于病弱无力,瘦小而强悍的人多的是)。也就是说,这位老师可能是在"强迫"先生高明。评课时,我说了我的这一看法,但遭到多数老师的反对,坚持"高大"是出自于先生的匠心。

还有位老师在上《石壕吏》时,深究"有吏夜捉人"中"夜"字的含义,仅由这个"夜"字就把封建社会的黑暗和唐朝统治者的腐败批判了好一通。

上述老师的这些"高明"的分析,难道不正表现了教学语言的浮夸与苍白吗?

二、作文辅导和批改中语言的浮夸与苍白

记得几年前,去一所村办小学听一位五年级老师讲的作文评讲课。他把一篇自认为有代表性的学生习作抄在一张大白纸上,其间和两旁是教师用毛笔蘸红墨水批改的词句。他把这张白纸挂在黑板上,逐一点出原文的缺点,然后讲应该怎样改,他为什么要这样改。

学生原文中写到这样一个情节:一个学生放学回家,边走边玩耍。突然看到前面一个用土车子推着两麻袋东西的老爷爷在艰难地使劲——车轮陷进小沟里去了。见状,他毫不犹豫地收起玩具,向老人跑过去。"他刚跑几步,被一根树桩绊倒了,他爬起来揉了揉发疼的膝盖,又接着向老人跑过去。"

教师在这儿作了这样的修改:在"爬"字的前面加上了"挣扎着"三个字,将"揉了揉发疼的膝盖"改为"他顾不得钻心疼的膝盖"。然后,指着修改的地方说:"加上'挣扎'和'钻心',表明他摔得更厉害,他能够在摔得这么厉害的情况下,又连忙爬起来跑,而且连揉一揉都顾不得,更显出了这个学生事迹的感人和精神的可贵,更好地突出了中心。"

教师的表情似乎在为他的修改而得意;学生们一个个竖着耳朵认真体味和领会着老师修改的美妙;我却在下面轻轻地摇头——很不以

为然，而且这还引起了我对教育的一番忧思。

试问：一个十一二岁的学生，摔到了需要"挣扎着"才能爬起来的地步，且疼得"钻心"了，他能连忙爬起来又接着向前跑吗？就算是一个具有坚强意志力的大人也难以做到。摔疼了"揉一揉"，这个动作很自然，也不需要多长时间以致误了帮老人拉车，与人物此时的思想状况根本无关。显然，学生的原文是符合生活实际的，是真实可信的；而教师煞费苦心的修改，反而使这个细节显得夸张失真。

1998年的下半年，特大洪灾后我们学校复学了。与我同一个办公室的一位老师给学生布置了一道作文题：《一件新鲜事》，他在批改中叫来了几个学生训话。其中，有一位学生遭训是因为他在作文中写了他奶奶穿花衣跳舞的事。这位老师说："你写的这件事还算新鲜，但是没有什么意义。"接着，他从一叠作文本中找出一本来，递给这个学生，并说："你看，人家是怎么写的。他写的是受灾后政府给他们家捐款修了房子，新屋落成搬家的那天，突然县长到他们家来作客了。你看，这件事写得好有意义……"不需要我写完，相信读者都能猜出这位老师在后面说了些什么。当时，我这个旁听者在想：农村老人穿花衣、跳舞，不正是反映了时代的发展、人民生活水平的提高给农民的精神面貌带来的变化吗？怎么能说没意义？就算这件事不含什么社会意义，但它也是切合"新鲜"这个题旨的，是不应该受到训斥的。这位老师50岁有余，工作非常扎实，常被学校评为教育先进工作者。

近10年来，我一直负责学校文学社的辅导及校刊的编辑工作。3年前，一名初三女生交给我一篇习作，题目是《一片绿叶，拨动心弦》，写的是一名女生在15岁生日那天去田野散步，走着走着，突然发现后面跟上来了一名男生，是班上最风趣的被好些女生说很潇洒的那位。他问："我可以和你一起走走吗？"她红着脸，犹豫了一阵后说："这路又不是我个人的，你要走，关我什么事？"接着他们踏着绿茸茸的草迎着暖暖的春风静静地向前走，他们谈了学习上的事谈了理想前途，最后这名男生从衣兜里掏出一张明信片并从树枝上摘下一片绿叶夹在信中递给她说："给，你的生日礼物。"女生一下愣住了，不知如何是好，男孩把信放在旁边的树杈上转身跑了……

这篇作文的语言和意境情调都很美，也没写什么出格的东西，只是真实地反映了少男少女的一种朦胧的情感。我把它发表在了校刊上。不料，一位领导看了后找我谈话，批评我不该发这样的文章，说这对学生会起误导作用。

上面的这些事例，难道还不能体现出我们教学中语言的浮夸与苍白吗？

三、教师平常用语的浮夸与苍白

教师语言的浮夸与苍白不仅有时表现在正规的教学活动中，还更多地表现在平常的语言中。××学生在某项活动中表现得有点积极，老师表扬起来，十之八九是："……非常积极。"××学生在某个方面显得较为突出，老师表扬起来，十之八九是："……十分突出。"××学生做了某种错事，造成了点不好的影响，老师批评起来，十之八九是："……影响十分恶劣！"××学生道德品质不太好，老师批评起来，十之八九是："……道德品质非常败坏！""非常""十分"之类字眼在各行各业、各色人等的嘴里经常听到，尤以领导、电视节目主持人和教师说得最多。我们如果把"非常""十分"之类用得切合情形，当然无可指责。宽容一点看，即使说得只算勉强切合情形，也尚无不可。但事实时，这类词常常被我们用得过分了、夸张了。

也许有老师会说："在批评学生的时候，过分过重了，可能有害；但表扬学生时说得过分点有什么不好呢！"我说："表扬得过头了也有害。鼓励对方再接再厉、发扬光大和引发别人向他学习的愿望是好的，但评价、褒扬的语言与真实的情形差别大了，被表扬者会觉得受之有愧，认为老师不过是出于一种'拣好话说'的习惯，而丝毫感受不到鼓励者的真诚,这还能起到鼓励的作用吗?"而旁边的那些受引发者(受教育者),觉得老师的夸大其词不过是在树一个拔高了的榜样,或以为这不过是出于老师好表扬好树典型的一种习惯,是不必当真的。

如今,"非常""十分""特别"等词儿在人们嘴里频繁而又不实在的使用,不由让我们想到那些使用频率极高的"最最""最高""无限""无上"等词儿,它们简直就是一脉相承。

四、学生语言的浮夸与苍白

我曾经根据教材的要求让学生写一篇作文:《家乡的变化》,并强调学生要写出自己的观察。有位学生写到了他家乡的这样一些变化:以前我们村的每条大路两边都长着一排排高大的树,小学前面有一片很大很美的杉树林,去年却全部被伐倒卖掉了。听父亲说,是因为村里欠债,要卖了还账。以前,我常到那杉树林里去玩;夏天走在路上也很凉爽。我读中学后,虽然很少回去,但我却常常想念它们,可现在却全被砍掉了,那里一片空荡荡的,我感到悲伤。我们村里的人有一半出去打工了。原来我们村一到晚上是很热闹的,现在却死气沉沉的……显然,这个学生按我的要求写了自己的观察和感受,真实地反映了现在部分农村破败、寂寥的景象。但最后一段却是这样写的:"我家乡的变化真大呀!这是改革开放的伟大成果,我为美丽富饶的家乡而自豪。"

通篇写假话的作文,或前面写了不太好的真事而在结尾时却硬添一个光明的尾巴的作文,在我十多年的语文教学生涯中见了不少(上篇作文,我把它作为这类情况的典型,一直保存着)。你只要是一位中国的语文老师,这样的作文是或多或少要见到的。

应试教育下的学生生活

作为一名中小学教师（以中学教师为甚），你一定会经常听到这样一句话："质量是我们的生命线。"或者这样说："质量，是学校生存发展的生命线。"查遍所有的教育理论专著，看完繁星般的教育名言，你绝对找不到这句话；在所有的报刊和文件中，也难以找到这句话。但习惯于拾上司之牙慧、言名人之所言的领导们，偏偏在这句话上来了个不约而同的创造。如果你是一位中国的中小学教师，却从未听说过这句话，你一定是格外有福了。

不管老师们是否愿望听到这句话，校长是乐于说这句话的。因为校长们都知道，他向老师们言说一次"生命线"，其效果无异于唐僧向孙悟空念了一遍紧箍咒，无异于给钟表上了一圈发条，无异于在校园里轰然敲响了一阵警钟。

在"生命线"的言说下——

老师们加紧了对学生身心的摧残。尽管公开的提法是提高课堂效率，但学校领导和老师们更信奉：向时间要质量。不少老师的课堂效益没提高，但挤占学生时间的能力却提高了。就以我工作了近十年的这所初级中学为例：每天除了上七节课和一堂小结课外，还得上早晚自习；早自习一个小时，晚自习初一初二是两个小时，初三是三个小时，初三重点班再加 45 分钟。从吃完午饭到下午上课的这段时间里，过去是可以自由活动的，但新校长上任后加强学校管理的第一大举措就是无论住宿生还是走读生中午都得进班午休，并安排老师到班。名为午休，实为"午战"——老师们大都利用这块时间布置作业或讲课。学校领导对这样的现象不是制止，而是默许，甚至窃喜。午休由我值班时，我是从不布置作业和讲课的。班上别科的老师见我身上有机可乘，就事先布置了作业后要学生在我当班的那个中午做。我恼了，对学生说："不准做作业，只准睡觉！"但学生还是要做，我说："你们都蛮喜欢做作业？你们做作业有瘾？"学生齐声说："不喜欢做！但作业太多了，中午不做，就做不完了，就要……"有几次，我见这些学生实在累得可怜，就大发脾气："睡下，都睡下！有哪个再做作业，我就没收作业本！"在我这样的厉声呵斥下，学生都伏在课桌上睡了，不久我也伏在讲桌上睡起来。但当我小睡了一会儿抬起头，还是发现有那么几个胆大的学生偷偷地做起了作业。周末初一初二重点班学生要补一天课，初三补一天半（这余下的半天是安排学生回家带生活费用的）。初一初二重点班和初三全体，在寒暑假都得补课，一般是寒假补十天，暑假补一个月。每当期中或期末考试临近时，老师们提前上课和推迟下课的现象就更严重起来，常常是：要上课的老师已经来到了教室门口，却见上节课的老师还在讲课；课间十分钟的休息时间，常被老师挤占得只剩二三分钟，甚至一分钟都不剩。如果你看见同学们在走廊里或楼道上奔跑，那很少是学生们在相互逗闹，十之八九是他们在抓紧时间上厕所。

  上述情形，绝非个别学校才有，而是相当普遍的。一位新华社记者曾写过一篇题为《中小学生成为特"困"人群》的文章（新华社，南宁 2004 年 11 月 11 日电），文中说："广西城调队近期对区内 8 个城市 66 所中小学的 831 名学生进行了抽样调查，结果显示，46％的初中生睡眠时间低于 8 小时，而高中生的平均睡眠时间低于 7 小时。即使是小学，问题也相当严重：24％的 1～3 年级小学生，33％的 4～6 年级小学生的睡眠时间低于 9 小时。"我断言，上述报道的情况相比其他不少地区，还是小巫见大巫。

苏霍姆林斯基说："我们不允许 12～15 岁的少年每天花四五个小时去做家庭作业。这会摧残少年，使他的健康终生遭受不良影响，会损坏他的美，使脊椎弯曲、胸廓狭窄、眼睛近视。"他还说："我们认为给学生提供空余时间，就是创造宝贵财富。"（参见《帕夫雷什中学》）生理学研究表明：少年儿童的生长主要在睡眠时完成。深夜是生长激素分泌的高峰期，如果错过这段睡眠时间，细胞的新陈代谢将受到影响。而且，睡眠不足会导致精神不集中、记忆力衰退，严重的会导致大脑皮层功能紊乱、神经衰弱。

当前的教育忽视了对学生创新能力和实践能力的培养。我们前几年是高喊"素质教育"，近两年是高喊"新课标理念"，但应试教育仍岿然不动。少数教师在应试教育的躯体上不忘披点素质教育的皮毛；多数教师是咬定应试不放松，任你东西南北风。不管报纸、杂志、专家、名师提倡什么理念、什么方法，他们瞄准的能让学生考出高分的最急功近利的方法无非是：多读多背、反复训练、频繁考试。因此，教师在课堂的内在结构中表现为：紧盯考点，琐碎分析，规范答案，多背多练。老师们在课堂上说得最多的一类话是："这种题型是很可能考的。""要是考这样的题型我们就要……""这可能是个考点。""如果考题这样出，你就……"教师在课堂外表现为：不做或很少做实地采访、亲手操作、社会调查、演讲、辩论、制作等活动（他们觉得让学生做几道练习或一次测试比参加一次活动实用或实惠得多）。

以我校为例，这么多年来，除开了两次运动会（校长是个体育爱好者）和上街扫了几次街道（为迎接省文明乡镇的验收）以及进电影院看了几次电影外，不曾开展过其他活动。连教材上明确规定要开展的实验或实践活动，因与考试无关，也都不上或少上了。每当期末考试临近，教导处就以行政命令的形式通知体、音、美停课，将其课时分解给语数外。

当前的教育将品德教育的效果几乎化为乌有。谁都知道：所谓"质量是学校的生命线"中的"质量"并不是广义的质量，不过是指教学质量，更直接地说，就是考试的结果。因此，这句话也可以说成"升学率是学校的生命线"。升学率的重要地位，导致学校和老师一定要把优生当宝、差生当草。分班、开小灶、倾斜，使优生占有了优良的教育资源。优生坐好座位，优生的作业和试卷改得更仔细，优生犯错误不管不问或春风拂花朵般地批评；差生不交作业可以不管，但破坏了课堂纪律则要秋风扫落叶般地批评。优生辍学了，老师三请四接；差生辍学了，老师们皆大欢喜……这样的老师，如何对学生进行公正、平等观念的教育？如何培养学生的正义感和对真理的热爱之情？如何培养学生博爱的情怀？

应试教育不可避免地会使大多数学生厌学。但为了班级名次和升学率，老师十分需要学生勤学（尤其是成绩中等以上的学生）。既要搞好应试教育，又要学生不厌学，唯一的办法似乎就是采取高压政策。什么热爱学生尊重学生，什么平等交流，什么自觉自愿，都成了纸上空谈。威吓、呵斥、罚款、体罚和变相体罚，仍是不少老师的"良方"。这样的老师，如何对学生进行民主、自由教育？如何发展学生的个性和兴趣？如何教育学生今后做一个尊严坚挺的人？为了考试名次、为了在激烈的竞争中立于不败之地，不少老师除了苦干外，还加"巧干"——在监考、改卷、登分等环节上绞尽脑汁、挖空心思地弄虚作假，而且还教唆学生作假。笔者见识了教师和学生林林总总、五花八门的作弊丑态，难以一时言尽。己不正焉能正人，师已坏生焉能不坏！胡适先生有诗云："愿把人间的心，一个个都聚拢来，用仁爱的目光洗洁，重新送还给人们。"我们的学校是把一颗颗幼稚的心"聚拢来了"，但我们是在"用仁爱的目光洗洁"她们吗？经过我们的教育之后，交还给家庭和社会的将会是怎样的一颗颗的心灵呢？！

教师，让我怎么尊敬你

引言：我们都知道，教师是一个崇高的职业，尊师重教不仅是我们的传统美德，更是社会发展、民族强盛的根本，我们实在应该好好地尊敬老师。可是——

一

一群人都在举手投足，如果那个举止最优雅的人不是教师；

一群人都在七嘴八舌，如果那个语言最文气的人不是教师；

一群人的衣着五颜六色、千姿百态，如果那个穿得最端庄、整洁的不是教师；

要在人群中选出一个能吟诗作对的，如果被选中的那个人不是教师；

要在人群中选出几个能吹拉弹唱的，如果被选中的人中没有教师；

在村子里或街道上评"五好家庭"，如果被评上的家庭中没有教师；

正义被铁盖压着，在困难的呼吸中正走向窒息，如果奋力掀起铁盖的人中没有教师。

教师，让我怎么爱戴你？！

二

如果教师的家里没有一个书柜，或者有书柜但里面除装了几本教材和教参外不再有别的；

如果一本好书出版后，最大或较大的读者群不是教师；

如果在麻将的"方阵战"中，有一支庞大的队伍是教师；

如果路见不平，人群中神态最安闲、平静的是教师；

如果教师与人共事，共过后人们说：最狡猾的是教师；

如果去买菜，菜农说：最斤斤计较、贪图便宜的是教师；

如果一群人为私利辩解，其中最振振有词的是教师；

如果一群人败露了丑行，其中把遮羞布找得最快最好的是教师；

如果讨好领导、剽窃论文，手段最高明的是教师；

如果真理被歪曲或强奸得使人们都忍无可忍，最后一个表示愤慨的是教师。

教师，让我怎么尊敬你？！

三

教师，您别生气，知道上述对你们的要求未免过高。就算你们的人格和品德并不大高尚，但单就你们是知识的传播者这一点看，你们也是值得尊敬的。但是——

如果你们传授的是死板的、陈旧的、与生活脱节的、孩子们长大后运用不上多少的知识；

如果时代的要求变了，教材的体系变了，而你们的教学理念不变、知识结构不变、教学方法不变；

如果在大喊素质教育的今天，你们自身却没提高素质，你们混饭吃的看家本领仍然是熟悉教材、教参，外加死记硬背；

如果你们把有用的知识生硬地灌输，把知识和能力教成完全脱离的两张皮；

如果你们为了分数和升学率，强求思想和答案的标准和统一，不开发甚至扼杀学生的创造性思维；

如果你们为了自己的绝对威信和尊严，让学生都成为学舌的鹦鹉和服从的奴隶，让他们的个性全都丧失，让起初一个个形状不同的脑袋在校园里都变得如同一个模子印出；

如果你们把本来应该最缤纷活跃、最富有乐趣的地方——校园，变得像牢笼甚至像地狱，那么——

教师，我实在无法尊敬你！

四

就算你们的品德不怎么高尚，而且还是知识的蹩脚的传播者，也还未到令人诅咒的地步。但要是——

你们只爱自己的饭碗和奖金，从不爱学生（你们把优生当宝、差生当草，就是你们只爱自己的充分证明）；

你们为了自己的荣誉和奖金，为了在同事间激烈的竞争中获胜，挖空心思地想出一套套考试时弄虚作假的妙招，向学生暗授机宜；

你们有时在上级的检查或验收到来时，号召全校学生统一说谎的口径；

你们为提高待遇，在政府三令五申不准乱收费的情况下，巧立明目后收取；

你们嫌教师的工资太低，又承包了餐馆和小卖部，于是启发、暗示，甚至强迫学生去光顾；

你们常常把自己或别人编的试卷和资料吹得如何有用如何重要，实际上是为了赚取几叠学生的零钞；

你们有时启发，或在启而不发的情况下干脆直截了当地吩咐学生

回去催促家长对子女的教育"重视""重视"……

　　一句话，如果你们既是学生好品德的教育者又是学生坏品德的教唆者，那么——

　　教师，我真的忍不住要诅咒你！！

校长的三个层次

我这里所说的校长是指中小学校长，而且仅指中国的。

尽管现今的中国教育和中国的校长们大受社会和舆论的诟病（至少是批评多于肯定），但同任何事物一样，校长们也是有好中差之分的。怎样衡量一个校长的优劣，恐怕不同的人会有不同的标准。我也有一个标准，且自认为这标准能简单而又不失准确地测量出一个中国中小学校长的综合素质，这个标准就是——一个校长如何对待应试教育和素质教育。根据这个标准，我把校长们从低到高分为三个层次。

第一个层次的校长是：积极抓应试教育，消极抓素质教育。这类校长，如果别人不指出来，应试教育的弊端再多、危害再烈他也感受不到。如果在他死之前，谁也不曾批判过应试教育提倡过素质教育，他会终生认定应试教育是天然正确的教育制度。如果电台报刊、上级领导不批应试倡素质，而只是他手下的某个老师这么说，他会认为这个老师在说胡话，在否定天然的真理，在标新立异，会认为这个老师不知天高地厚，甚至会怀疑这个老师神经出了毛病。尽管素质教育喊了这么多年，尽管意在给校长们洗脑（转变办学理念）的培训进行了一次又一次，但他还是认识不到应试教育的危害有多大，素质教育的好处有多大；什么发散思维、怀疑意识、创新能力，什么平等、个性、人文素养等概念，就像微风过湖面一样在他心中激不起多大的涟漪，就像种子撒在沙漠上似的扎不下根。只要中考和高考是凭了考试的分数来录取的，他就认为抓应试是天经地义，他这个校长就要毫不含糊地一心一意地抓升学率。他是怎么也不会怀疑到中国高考、中考制度的正确性的。不管你这个老师水平多高，教不出高分数的学生就不是好老师；不管你这个老师水平多低，教得出高分数的学生就是好老师。能考得高分的就是好学生，否则就不是好学生，至少不是学校和老师喜欢的学生，不管你有什么特长、个性、能力。为了提高升学率，把优生当宝、差生当草没什么不好，既然社会上的人有三教九流，硬说一切学生都是平等的就是瞎说，或者以为不过是表面说得好听罢了，内心里是当不得真的。你说你的素质，我搞我的应试。你要检查我搞素质教育的情况，我就抓一点表面的素质教育的样子让你看看了事。对于应付检查来说，他是高手。他极少看书看报，他的思想只集中在牟求私利、学校日常管理和打理上下的人际关系上。因而他所治下的学校，会更多的在各种检查中被评优。

尽管他极少看书看报，但他还是知道中国有不少人在说外国的教育如何如何先进，他是不相信这些崇洋媚外之徒的鼓噪的。纵然外国教育中的确有某些先进的东西，但他坚信是不适合中国国情的。

按理，这样的人是不配当校长的。但世界之大，无奇不有，何况这不是什么奇事，因此它的存在也不值得惊讶。所幸的是，这类校长所占比例不是太高。但也不是很少啊！

第二个层次的校长是：一手抓素质教育，一手抓应试教育，两手都硬。他不是一个善于思考的人，但是他有一定的思想。他比较爱读书，因而在思想和业务上不是太差劲。他接受新的教育思想和新的教育理念的速度不会太早太快，但也不会太迟太慢。对应试教育，别人不批判，他不会带头批判；对素质教育，别人不肯定，他不会带头肯定。他感受到了应试教育的弊端和危害，但不是那么痛心疾首；他明了素质教育的重大意义，但他追求得不是那么决绝。既然中国存在着高考和中考这样的指挥棒，既然家长评价一所学校主要看升学率，那就得抓应试，这是现实的需要；素质教育有大意义，是关乎民族未来兴衰的，也不能不抓。现实和小处他要牢牢抓住，未来和大处他又不能释怀不顾。他善于或较善于在应试教育和素质教育中寻找统一点和妥协点。他既要得胜于现在，又要安心于未来。他评价学生，不只看考分，但以考分为主；他评价老师，不只看教学绩效，但以教学绩效为主。学校的工作，除了是为了完成上面的指示和迎接上面的检查外，还可能有所伸发和创造，但这些伸发和创造绝不可能走得太远，他驾驭这些伸发和创造的能力也是有限的。

第三个层次的校长是：热情积极地抓素质教育，消极痛苦地应对应试教育。因为他深刻地理解了教育与民族发展和强大的关系，他才深切地热爱教育；因为他热爱读书和学习，又快又多地接受各种新的教育理论，因此，他的头脑才格外睿智；因为他在乎每个学生未来的幸福和我们民族的可持续发展，因此他大力推行素质教育；因为他头脑的睿智和目光的锐利，因此他才格外地看清了应试教育的种种弊端和危害。他希望他的老师和学生都能摆脱分数的禁锢；在摆脱不了高考指挥棒这个强大的现实面前，他不是一个功利主义者，绝不急功近利地追求升学率；他能透过升学率与素质教育在近处的背离而看到它们在远处的某种统一。他工作的出发点完全是或者大都是围绕崇高而理性的教育目标，而不是为了升学率和应对上面的检查。真正有思想有才能的老师，在他的手上活得热情快乐、如鱼得水；每个学生的个性和潜能都在他的治下得以重视和发挥，人天赋的平等自由在他的校园里得到了充分或较充分的体现。他有创新的头脑，又具有实现创新的能力。他既要管理，又要学习，他既重宏观又重微观。他会力排僵化思想和守旧势力的干扰。他是一个彻头彻尾的教育理想主义者。他在"撼山易，撼应试教育难"的现行教育体制下活得毫不轻松，且常常感到十分痛苦。

在中国，这样的校长有吗？不能说没有，只能说极少，极少！

正视人文教育所面临的抵牾力

新课标的提法，尽管还不是很到位，但它诞生后也让我快乐了一阵；前几年陆续出炉的新教材，尽管还不完全是我心目中的样子，但拿在手里也的确让我看得喜上眉梢。我觉得近些年我们在教学理念上的提升和教材建设上的进步，应该在中国的教育史上留下较为浓重的一笔。新教材呈现出的一个重要特点是：人文性的增强。在我看来，人文教育是对过去政治化的道德教育的矫正和扩充，它不是等于也不是稍大于品德教育，它的内容比品德教育的内容要丰富得多，在熏陶渗透的形式上也远比品德教育生动活泼。作为一名中学语文教师，我对有关人文教育的倡导和呼唤是热忱欢迎并积极践行的。正因为我不是一个纯粹的理论家，而是一个有良知有思想长期苦干并细察于教学第一线的老师，因此我比那些在外在上的人多的是几分"亲历者之苦"和"亲历者之痛"，因此新课标和新教材诞生时带给我的振奋和喜悦很快就消失了——再好的课标和教材，也无补于我们教育的悲哀。

这是因为我们的教育面临着强大的抵牾力——教学内容与教师言行、学校与社会、书本与现实间矛盾太多，可以说处处是矛盾。这种内外环境中的教育的效果就不能不是微弱甚至是副效果的。

我们的人文教育遇上了如何多和怎样大的抵牾力呢？

从幼儿园始，从"狼来了"的故事起，我们就开始了对孩子的诚信教育；世界上关于诚信的古训，可以说没有比中国更多的了。但是，我们日常使用的随时可能是假冒伪劣产品；我们听到的十之八九是言不由衷的话语；孩子们出门，听到的最多的叮嘱是"不要上当受骗"。如果说中国的孩子生活在谎言中，生活在假冒伪劣的物质世界中，生活在对假的提防和对假的恐惧中，实不为太夸张。这种环境中的诚信教育怎能不结出虚假的果子?!

除了教材中有不少教育学生珍惜时间的内容外，每个教室所贴的条幅中恐怕最少不了的就是有关惜时的名人名言，每个学生也确实都能背诵几条有关惜时的名言。可是，现实中，阿瑟·史密斯在他的《中国人的性格》一书中，把"漠视时间"作为中国人的性格的显著特征；林语堂先生也说："'散漫'是吾国吾民的三大特征之一。"可以说，如今这一国民性不是有所改善而是变本加厉。中国人极度地漠视时间、慷慨地浪费时间，主要表现在没完没了的闲聊和"没有速散的宴席"上，如今再加上一个网上游戏和聊天，更严重地表现在打牌赌博上。"十亿人民九亿麻"，如果说这句话过去还显得有点夸张，如今恐怕是形容不及了。有多少家长把孩子扔到家里自己去打牌！有多少家长一边打着牌一边指责孩子没有抓紧时间做作业！有多少孕妇成天在麻将声中进行胎教！有多少不到10岁的孩子牌已经打得很够水平！

节俭，也是教材中多处写老师多次讲的。可现实中，"穿要穿名牌，零食当饭吃，饮料不离嘴，快餐是最爱，化妆品成系列，千元拍成写真照"，这是对如今城市儿童消费的真实写照。其实，农村的孩子也落后不了多少。这是与社会上"一餐吃掉一头牛，过早也得一田角"（一顿饭要吃掉农民卖一头牛的钱，一顿早饭要花掉一块田角的收成）的奢靡浪费之风互为因果、浑然一体的。

大人们动不动就送礼，要请人办事更是少不了送礼。求者习惯了

送，被求者习惯了收。求者是不带红包不开口，被求者是"不见鬼子不挂线"。于是学生中送礼现象也蔚然成风，而且礼品的档次越送越高。《武汉晚报》（2002年12月13日）刊登过这样一则消息：武汉新洲区某中学一家境贫困的学生因同学过生日而无钱送礼，便在同学生日到来的那天向班主任请假，谎称生病。班主任发现该生的隐情后，体谅他的苦衷，于是这位老师与这位说谎的学生一起在班上演起了"双簧"。送礼之风是腐败的温床，从孩子们早早精于这一套上我们可以预测到将来的腐败之风会是怎样的。

我们的教材中有陶渊明，有老子，有庄子，有屡屡出现的"淡泊名利""寄情山水""人民公仆""无高低贵贱之分"等词语；教材中没有一句话是说当官实惠当官威风当官尊贵当官发财当官最好的。但是，如果在中学生和大学生中进行一次关于他们今后职业选择的问卷调查，只要他们不掩饰真实的意向如实回答，肯定大多数选择的是从政当官。中华民族的"官本位"意识几千年来一以贯之，甚至可说如今尤烈。余杰曾在他的《忧伤的名片》中说："现在有不少的孩子热衷于印名片，名片上不仅印上了自己在班上或学校里的任职，还印上自己父母的官衔。"

"亲情""孝心"，既是传统文化也是如今人文教育中的重要内容。可是中国人身上的人情味却一代比一代淡薄，孝心也似乎一代比一代减弱。前不久，我曾与几个同事谈到了这一话题，我们都深有同感地说："如今的孩子长大后能亲热地喊一声'姨妈''姑妈''伯伯''婶娘'的似乎都不会很多了，更不用说对他们有感情有某种精神上的联系了，也就更不用说对乡亲邻里有亲情感了。至于'城市孤岛'现象更为大众所感同身受。"《武汉晚报》报道，说一位母亲久不见在读大学的儿子的来信，就代儿子起草了一封只需填空的家书寄过去，烦请儿子填了后寄回。"爸爸、妈妈：你们好！我最近身体好（　）一般（　）不好（　）；学习累（　）一般（　）不累（　）；有钱（　）缺钱（　）……"我看着这些括弧，仿佛看着这位母亲辛酸无奈的心。谁说中国人缺少创造力？这样的信绝对是中国人首创。这是与大人们的唯利是图、冷漠自私相一致的。

热爱和平、反对暴力、提倡宽容，是人文教育的重要内容。可是电影电视录像中到处是暴力的镜头，他们的祖辈和父辈是从毛泽东的斗争哲学中走来的，他们中善斗争的人易见、持宽容的人难觅。因此，孩子们中存在着大量的暴力崇拜者也应是情理之中的事。

学雷锋，在小学低年级中能蔚然成风，在小学高年级中会时有发生，在中学生中逐渐稀少，在成年人中则寥若晨星。为什么会这样？因为社会上到处是这样的人：不仅不损人而利己被视为天经地义，而且损人利己也变得堂而皇之，学雷锋被大众当傻瓜，拾金不昧的孩子回家会遭骂。

走进大自然、亲近大自然也是人文教育的一大内容。看我们的孩子是如何走进大自然的：组织学生到野外放风筝，首先学校统一收费买风筝，每生20元。用车把学生拉到某景点，停车后要他们向窗外看风景——为安全考虑，学生不准下车的。让学生热爱大自然的目的是为了让他们更好地爱生活，我不知道这样的走进大自然是让学生更爱生活还是更讨厌生活。

当然，人文教育在校内外遭遇的抵牾力并没有由此说尽。总之，我们的办学条件在不断改善，我们的师资力量在不断增强，我们的教材建设也日臻完善。但是，教育的抵牾力却越来越强大——知识传授的效果可能越来越明显，但品德教育和人文熏陶的效果却越来越小了。如果一个教师只顾着把课上好，却从没有考虑过这些，他就肯定不是一个有思想的教师；如果一个教育家，在他的所谓教育理论体系中从不提及或者只是轻描淡写地提及这些，他就绝对是个肤浅的教育家或者根本配不上做教育家。

任何教育，再优良的教育，不可能不遇上世俗或人性恶上的抵牾力，但抵牾力有大小的区别——教育力与抵牾力相抵牾后的结果，有大正数小正数零甚或负数的区别。我们不能一下子消除这些抵牾力，但我们不能无视这些抵牾力；我们不能因抵牾力的强大而对中国的教育完全悲观绝望，但我们也不能陶醉在"质量"的提高中而麻木于这些抵牾力；我们不能一时让两力相抵后的结果是个大大的正数，但我们可以努力避免让它成为一个零或负数。

学校德育面临的"加"和"减"

为了应试,各校都狠抓智育;但同时也没有忽视德育,应该说大多数学校同时也狠抓了德育,想了许多办法来规范学生的言行和提高学生的思想道德品质。其效果如何?如果不说假话,回答只能是不理想或很不理想。面对着学生的厌学弃学、好逸恶劳、打架斗殴、说谎作弊、打牌赌钱、偷盗抢劫、寡廉鲜耻等现象的应接不暇,老师们不免生出疑惑:"我们想了那么多办法,在他们身上'加'了这么多,为什么其结果竟然是0,甚至是负数呢?"不知老师们想到没有:在我们吃力地"加"的同时,我们也在不知不觉地"减"着?!

某天,镇文化站站长来学校找校长,拿出市委宣传部的通知,要学校组织学生看电影《刘胡兰》,目的很清楚——对学生进行爱国爱党学英雄的教育。是夜,全校师生排队入场看电影。《刘胡兰》看完后,学生正准备退场,忽然听说还要放映一部(电影院好按两部收费),学生欢呼。这部影片的名字我不记得了,只记得从头到尾打打杀杀,中间夹杂几个或接吻或拥滚或女人脱衣服的镜头。每放到这些地方,便是男生怪脸嬉笑,女生红脸低头。结果,学生在回校的路上和此后的好几天里,议论的不是《刘胡兰》,而是第二部片子里的

"精彩"镜头；结果，课间学生在操场、走廊上追打时又多了几把招式；结果……

学校早有规定：学生不准进"三室一厅"（游戏室、录像室、台球室、舞厅），老师对进"三室一厅"的危害不知讲了多少遍，当然也有过阶段性效果。但"三室一厅"的老板们，却用摸奖、廉价销售文具等手段引诱学生，因为数目不少的学生是他们收入的主要来源，导致学生在周末一离开学校便去那些地方。录像厅放的片子即使没有剧毒，也少不了低毒，至少不会健康有益。

教师在学生幼儿园时就开始教育他们要诚实，课本上"狼来了"的故事、列宁小时候打破花瓶的故事都是用来教学生诚实的。但学生不仅在社会上随时可能听到谎言，而且许多家长除自己说谎外，还指导自己的子女说谎。学校和老师也好不了多少：上级要检查了，于是全校紧急出动打扫卫生，检查人员一走，不久"死角"又变成了"死角"；上级要检查了，老师一天备几十个课时的课改四五次作业；为迎接"普九"验收，失学多年的"老同学"也被请进教室；为应付扫盲验收，初中生高中生也要请来扫那么一天两天……

老师常常在课堂上批判资本主义社会的金钱关系，教育学生不要唯利是图，不要受拜金主义世风的浸染，要视金钱如粪土，视真理如生命，要乐于奉献。可是学生很清楚地看见有些老师在自己承包的小卖部和食堂里干得实在比教书时卖力得多，还有老师"点拨"甚至威逼学生到自己承包的餐馆就餐，还有老师巧立名目地收费并将其中的部分纳入私囊，还有老师巧妙地开导学生给自己送礼……

我们常对学生宣讲平等思想，可成绩好的、或家长有地位的、或家长请了客送了礼的学生坐的总是好座位，优生所受的种种优待、差生所受的种种慢待甚至虐待实在不是一下子可说完的。

可以说，我们"加"了多少，同时外界也"减"去了多少，甚至"减"的比"加"的还多。只是我们的"加"是一本正经，"减"却常常是不知不觉；只是我们只意识到"加"的艰难，却没有意识到"减"的触目惊心。如果我们指望出现一个完美的社会教育环境从而带来有"加"无"减"的教育效果，显然是不切实际的，但我们实在不能让一个"减"＞"加"的倒不等式继续存在下去！！

成功的教育
——不会让乌鸦当上百禽之王

《伊索寓言》中有这样一则故事：上帝要挑选一只最美丽的鸟儿来做飞禽之王。那些美丽的鸟儿，当然高兴，且越美丽的越高兴。乌鸦明了自己的尊容，但不甘屈人，他决定把孔雀的羽毛披在身上插在尾巴上，去参加这次决定命运的大选。结果，乌鸦成功当选了。

一般的读者从这则寓言中领会到的寓意无非是：没有真本领的人，可以凭着弄虚作假等歪门邪道达到那些有本领的人达不到的目的；或是公平圣明如上帝者也难免被蒙骗。但我却从这则寓言联想到了"教育"，这显然与我的教师职业有关。

再成功的教育，也难以甚至不可能做到使每一个公民都能堂堂正正、磊落光明，而不违法乱纪，走歪门邪道。因此，在众鸟儿中出现几个类似乌鸦的作伪者并不能证明教育的失败。可能有人会说：众鸟儿中仅一只乌鸦作假，这恰恰能证明教育的成功。且慢——不要匆忙地得出这个结论。

乌鸦从开始伪装到最后当选，肯定不是一蹴而就的，它需要一个过程。这个过程即使乌鸦再不想曝光，也不能做到全程暗箱操作——总会在某个或某几个环节上被人们发现。譬如，就算他着装的时候没让人看见，但他穿好后总得走出来参选吧；即使他伪装得天衣无缝，也还是可以被发现的。这就是教育最起码的功能：使学生获知识懂科学，从而具备判断真假、优劣的能力。

乌鸦伪装好走出来的时候，至少抱了两个侥幸心理：一是不被发现；二是发现了无人说穿。如果乌鸦的第一个侥幸都平安地过去了，这说明教育连最起码的功能都没有实现。

这么失败的教育大概不会有，一般的教育都能使公民具有一定的判断力。我想，实际的情况很可能是这样的：乌鸦走出来的时候，有不少的鸟儿一眼就看出了它的猫腻，一部分在过了一阵后也发现了。发现之后，会出现三种情状：一是鸟儿们偷偷地哂笑，可能有大胆点的会笑得明显些，但也只是哂笑，有些甚至懒得一笑。这说明鸟儿们已经习惯于甚至已经麻木于丑陋和邪恶，萎缩甚至废弃了维护和伸张正义的神经或意识。第二种情状是，乌鸦看到了一张张愤怒的脸，但也只是愤怒，没有鸟儿声张；或许有个别鸟儿声张了，但他孤单的声音很快就被淹没在沉默的海洋中了。这说明鸟儿们有正义感，但缺乏伸张正义的勇气。第三种情状是，乌鸦一出现，鸟儿们就异口同声地揭露他的伪装，有的声色俱厉，有的和颜悦色。如果发现乌鸦的伪装后出现的是第三种情况，这说明鸟儿们所受的教育是较优良的。之所以在让受教育者具有了丰富的知识和正确的判断力后我们还不能确定其教育的成功，就是因为我们还得看它是否在受教育者的心灵、思想和意志里培植了强烈的正义感和果毅地伸张正义的勇气。

就算众鸟儿们错过了最初揭穿乌鸦的时机，但即便到了上帝即将宣布的最后一刻，他们也有时间也完全可能改变上帝的错误的决定。有人会说，如果上帝果真是被乌鸦的伪装蒙蔽了还好说，要是上帝是被乌鸦买通了，你能改变这个结果吗？我说，能够！最有权力的不是上帝的意志，而是众鸟儿们共同具有的民主意识。要是大家——不是少数人——强烈的民主诉求让不想民主的上帝也不得不采用民主程序，乌鸦即使神通再大又岂能当选？

这则寓言的结尾是这样的：当众鸟儿听说乌鸦当选后怒不可遏，

一拥而上把乌鸦的羽毛拔得精光。我认为这是这则寓言的一处败笔。在我看来，众鸟儿们是不会这么快就发生暴力革命的。乌鸦在被宣布当选前，既然在大庭广众下没有露馅，既然过关斩将地过来了，这说明众鸟儿们的素质是很不敢恭维的，而上帝一宣布结果众鸟儿们就突然来了素质，这显然是不大可信的。可信的是：上帝宣布乌鸦当选后，一部分鸟儿沉默一部分鸟儿欢呼拥戴（尽管极少有发自内心的），乌鸦的权威很快就树立起来了。即使出现了个别或少量的反对者，乌鸦也是会用权利去笼络用权势去高压，也不排除在必要的时候用武力镇压。只有当众鸟儿被乌鸦统治得水深火热、生灵涂炭，要不造反要不活着"等死"（陈胜语）的时候，才会愤起。一句话，只有当鸟儿们为乌鸦的当选付出了极沉重的代价后，才会出现寓言末尾的那痛快而壮烈的一幕。

  写到这里，我可以给教育下个定义了。什么叫教育？教育就是开拓人们的智力、武装人们的思想、养就人们的道德，以阻止乌鸦当选为众鸟之王的准备活动。教育的目的是什么？教育的目的就是不仅让受教育者获取知识和科学素养，以使他们具备判断真假、优劣的能力，更重要的是培养他们的正义感和伸张正义的勇气，以及铸就他们懂得民主的价值并使用民主程序维护真理和正义的理性。教育成功了，就不会让国家和民众为恶付出过高的代价——只有理性的"当初"，没有壮烈的"今日"。

从改良试题着手

先看以下两类试题——

A 类

针对都德的《最后一课》,有位教师设计了这样一道题:"突然,祈祷的钟声响了"中的"突然"是什么意思?

针对叶圣陶的《苏州园林》,有人设计了这样一道题:"苏州园林的假山和池沼都着眼于画意"中的"都"有什么含义?

"有亭翼然临于泉上者"中的"临"与"临溪而渔"中的"临"的含义是否相同?(出示的正确答案是:不相同,前者解释为"靠近",后者解释为"到")

"属予作文以记之"中的"作文"是一个古今异义词吗?(出示的正确答案是:是。该句中的"作文"应理解为"写文章",是一个动宾短语;而现在"作文"的意思就是"文章",是一个名词)

下列说法是否有误,如有,请改正。"《藤野先生》是鲁迅回忆晚年生活的散文。"(正确答案是:有误,应将"晚年"改为"青年")

翻开语文试卷和作文本,随处都能见到:《放学路上》《难忘的一天》《我被感动了》《友谊》《我的家庭》《美好的回忆》《那一次,我好后悔》等这类作文题。一个中国孩子从小学到初中毕业,要把上面列举的这些作文题每题至少写上10篇。

B类

日本某教师给高中生布置了一道这样的题目:日本跟中国100年打一次仗,19世纪打了日清战争(中国称甲午战争),20世纪打了一场日中战争(中国称抗日战争),21世纪如果日中再次交战,你认为大概会在什么时候?可能的远因和近因是什么?如果日本赢了,是什么原因?如果输了,又是什么原因?

在让学生阅读了马克·吐温的《密西西比河上的生活》后,美国教师给学生设计了这样几道题目:1.在一条河船上工作对你来说有吸引力吗?解释原因。2.假如你生活在马克·吐温那个年代,记下你对于可能吸引你的工作机会的看法。3.你认为马克·吐温对密西西比河的热爱对他在写作上的成功做出了什么贡献?4.今天的什么职业在浪漫和冒险方面能和在19世纪成为一个河流上的领袖相比?为你的回答做出解释。

美国的历史课老师,给学生这样出题:如果你是华盛顿在俄亥俄山谷对法国的战役中的副官,你会对华盛顿提出什么建议呢?假如你是一名英国议员,请为华盛顿1753~1758年在弗吉尼亚军队中的表现写一封评价信。

关于美国南北战争的知识,教师这样出题:1.你是否同意林肯总统"关于美国不能存活除非它全部解放奴隶"的声明?2.解释为什么北方白人反对奴隶制,南方白人拥护奴隶制,但他们都感觉他们在为自由而战。3.设计一个具有争议的问题,运用历史的证据来支持或反对下面的观点:美国内战是地区差别不可避免的结果。

德国人卢安克到中国广西一个偏僻的山村里义务教书,他给学生出的作文题是：《喝醉的人》《赌博的人》《工人的希望和老板的希望》《我梦想中的工厂》等。

世界著名指挥家小征泽尔，一次去欧洲参加音乐指挥大赛。他接到评委交给他的乐谱后，稍做准备便全神贯注地指挥起来。突然，他发现乐谱中出现了一点不和谐，开始他以为是自己演奏错了，就叫乐队停下来重新演奏。但接下来仍然觉得不和谐，他确认是乐谱有问题。当他向评委说出了自己的看法后，在场的评委们都声明："乐谱不会有错，是你自己的感觉错误。"面对几百名国际音乐界的权威人士，他经过再三考虑，坚信自己的判断是正确的。于是，他斩钉截铁地大声地说："不！一定是乐谱错了！"他的话音刚落，评委们立刻站起来向他报以热烈的掌声，祝贺他在大赛中夺冠。这是评委们精心设计的一个圈套，以测试指挥家们在发现错误而权威人士不承认的情况下，能否坚持自己的正确判断。

A类试题，是在应试教育的情况下在各种练习册和其他教学资料上随处可见的。我们无法否认它们的单调、肤浅、死板和琐碎（从许多题目就能看出出题人的鸡肠小肚）。一方面让学生成天做着这类题目，一方面又在高喊提高民族的创造能力，这岂不是缘木求鱼？——所幸的是：新课程实施以来，这种情况已得到了很大的改善，出现了少量近似于B类的好题。

看了产生于别国的B类试题，你就对那些发达国家为什么具有巨大的创造力，为什么成为创新型国家，为什么经济发展得那么快就可以理解了。问它哪能如此强？因有这样开放、灵活的，给学生巨大想象空间和强烈思维诱惑力的，尊重个性、贴近学生生活和心灵的，着力启动学生生命体验的作业题和试题，久而久之，何愁培养不出国民的创造能力？何愁成不了创新型国家？何愁没有科技和经济的快速发展和国际竞争力的强大？

露珠里有太阳，试题里不仅能折射出一个社会的政治、经济、文化、国民性格等情状，我们还能据此判断出一个民族的发展速度和前景。

  大处着眼，小处着手。教育，是我们着眼的大处；出题是我们着手的小处。改良国民，从改良试题开始；提高民族的创造力，就得首先提高试题的活力。

我 的教育感言

1. 教育腐败——民族自杀的捷径。

2. 刘墉有篇文章名为《成长是一种美丽的疼痛》。我说:"学生在应试教育下的成长,疼痛但不美丽!"

3. 第斯多惠说:"一个坏的教师奉送真理,一个好的教师则教人发现真理。"殊不知,还有一种更坏的教师:他扼杀学生发现的真理。我们都说:"教师是人类灵魂的工程师。"殊不知,有的教师是扭曲人类灵魂的变形师。

4. 诺贝尔说:"生命就是自然付给人类去雕琢的宝石。"请问中国的教师们,不少时候,你们到底是在雕琢宝石还是在污损宝石?

5. 正如矿藏量是开采量的前提,水量是水压的前提,拥有土地是收获庄稼的前提,教师博学是把课上得活泼生动的前提。

6. 老早就看到过这么几句话:"工人不爱机器,怎能做好工?农民不爱土地,怎能种好地?老师不爱学生,怎能教好书?"事实上,工人不爱机器却做好了工,农民不爱土地却种好了地,老师不爱学生也教好了书,都是出于生存的压力。

7. 什么事都可以马虎,但教育孩子马虎不得。退一步说,向孩子传授知识可以马虎点儿,但在培育孩子的优良性格和教育孩子如何做人上马虎不得!

8. 体罚和咒骂学生,就是用不道德的方式强迫人道德。

9. 教育可以是最大的改革家,也可以是最大的助纣为虐者。

我希望多听到一些："我听学生说……"

当老师真不容易！为了分数和升学率，为了得奖金和保饭碗，不得不想法子去"折磨"学生。被折磨者的苦累是在折磨者的逼迫、陪同、监督下受的，因此做老师的也不轻松，正如受刑者痛苦，施刑者也不轻松一样。老师除了受这份教书之苦外，还得受开会之罪。如果你运气佳，遇到的校长素质好，恐怕对开会就没有那么的切肤之痛了。我的情况是：一听说要开会，就恨不得马上生病——好理直气壮地请假；一听说要开会，就想找两坨棉絮把耳朵塞起来；一听说要开会，就想到要学习——带两张报纸或杂志进去，好在下面偷看以打发难捱的时光。

有一次（或许有两三次）开会，我没有产生受苦受难的感觉。我对此觉得奇怪，边走边想：今天的会究竟特别在哪里呢？想来想去，不过是校长说了一段："我听××学生说……"以往，这位校长讲话总是以套话、空话、大话开头，不是在什么什么下，就是通过什么什么，不是张局长说，就是李书记说。这次是以"学生说"引出学校存在的问题，然后说开去。形式新颖，事例鲜活，议论有据，引人注意（不是过去那种引人入睡的状况），效果明显（不是熟听无闻）。于是，我得寸进尺了：希望今后开会，校长多说些："我听学生说……"

有一天，上完早自习后我走在教学楼通往食堂的甬道上。我的前面走着一排学生，边走边说些什么。这时，一个学生抬头看到老师办公楼上好几个房间里的灯还亮着，就说："老师只要我们节约用电，其实老师浪费的电最多。"其他的学生也抬起了头，其中一个说："老师把电用多了，就找我们收钱。"听了学生的这两句话，当时我就想：要是我是校长，在下次的教师例会上就说："我听××学生说：老师只要我们节约用电……"

一天，我去街上一个早点铺里吃早饭，坐在我对面的是两个初三女生。我边吃边问她们："哪位老师教你们语文？"她说："×××。"我又问："你们喜欢听他的课吗？"过了好几秒钟，她反过来问我："你是要听真话还是假话？""当然要听真话。""不喜欢！""为什么呢？""只会照书念，逼迫我们把资料上的东西都抄起来，人都抄死。"坐在旁边一直没说话的另一个女生也开口了："照书念，我也会教。"吃完早饭去上班的路上，我边走边想：要是我是校长，在下次的例会上就说："我听××学生说，有的老师讲课学生不喜欢，只会照书念……"

前不久，教导处要我通知我班上的一位学生去市里参加生物竞赛。我找到那位学生，刚开口，她的脸就阴沉起来了；我还没说完，她就问我："要不要交钱？"我说："每个参赛的学生要交参赛费20元。""我不参加！"她语气坚定地说，而且补了一句："凡是要交钱的比赛，我都不参加。"市教研室每学期都要搞几次学科竞赛，而且要按各校参赛的人头收费。学校不贴这笔钱，每次都是参赛的学生自己出。这名学生各科成绩都冒尖，几乎各种参赛都少不了她。对于一个家境不大好的学生，这一年到头的参赛费统计起来，恐怕也是一笔不小的开支。被送派去参赛，本来在同学中是有些荣耀值得骄傲的事；但一收费，事就贬值了，不仅荣耀骄傲不起，反而觉得吃了亏，贫困生还会生出受难感。我不仅不觉得这学生违拗了我，而且很赞赏她的决定和态度。我不免又生了想象：要是我当校长，就在会上说："今后,学科竞赛的参赛费一律由学校出,不找参赛的学生收取。"……

照说,校长在大会上向老师们反映他收集到的学生对学校工作或某些老师的意见,以期引起重视和改进,应该是常理中的常事,实不为对校长的过高要求,更无需我费那么多想象才获得这份并不高档的满足。但确有部分校长,在语言上习惯于从上级的指示出发,从文件的精神出发,从书上的理论出发,就是难以从学生的需要和意愿出发;在工作作风上,远离"教育家",乐于做"活动家"——成天忙于开会、接待、迎检、汇报,忙于抓钱筹钱、搞建设、参观、旅游,忙于查看老师的备课本和学生的分数册。至于与学生接近、了解学生的内心、倾听学生的心声,要么是有心而无时间做,要么是无心也无时间做。更可恶可憎的是那种虽无时无心了解学生,但开起会来为表现才华偏要说个没完没了的校长。他的话中,自然是大话空话套话特多,新鲜的话感性的话实在的话极少。我只能希望这样的校长早点脱离教育的领域。

阅读万灵丹
——读苏霍姆林斯基《给教师的建议》有感

很早就知道苏霍姆林斯基的名字,但由于条件的限制,我读到他的著作时已经很晚了。一个在应试教育中无生气无乐趣有痛苦地工作了多年的教师,细心地读苏霍姆林斯基时当有许多惊讶、感慨、喟叹,当会在苏霍姆林斯基的理论与自己教学实际的巨大反差中生出更大的痛苦,至少我是这样的。在苏霍姆林斯基带给我的许多激动和喟叹中,有一些是他的有关阅读的论述带给我的。

苏霍姆林斯基特别重视阅读。他在《学生应当掌握的最重要的技能和技巧》一文中,把学生在10年内应当掌握的最重要的技能和技巧归纳为12项,其中就有4项是直接涉及阅读的,此外还有2项间接与阅读相关。在他的《给教师的一百条建议》一书中,有近1/3的篇目涉及教师或学生的阅读,在标题里没有出现"阅读"字眼的其他文章中也有部分在内容中论及了阅读。可以说,苏霍姆林斯基对阅读的论述,简直到了唠叨的程度,足见他对阅读的高度重视。因此,读苏霍姆林斯基而未意识到这一点,就可以断言你读得很不认真。

苏氏(以下均将苏霍姆林斯基简称为"苏氏",以下引文均引自于他的《给教师的建议》一书)认为,阅读是学生思维训练和智力开发的重要手段。他说:"人的脑子是一个复杂的整体,如果它的一部分不够发达，就会阻碍整个大脑的工作。在大脑两半球的皮层里，有一些区域是管阅读的，它们跟脑的一些最活跃、最富于创造性的部分是密切联系的。如果在管阅读的那些区域里有了死角，那么皮层的所有部分的解剖生理的发展就受到阻碍。"他还说："缺乏阅读能力，将会阻碍和抑制脑的极其细微的连接性纤维的可塑性，使它们不能顺利地保证神经之间的联系。谁不善于阅读，他就不善于思维。"他在另一篇文章中说："用惊奇、赞叹可以治疗大脑两半球神经细胞的萎缩、惰性和虚弱，正像用体育锻炼可以治疗肌肉萎缩一样。"而那些使学生感到惊讶、赞叹的东西，除了一部分来自他周围的事物外，无疑的更多地来自于书籍。阅读好比是使思维受到了一次感应，激发它的觉醒。为了更好地说明这一点，他打了个很好的比喻："通过阅读而激发起来的思维，好比是整理得很好的土地，只要把知识的种子撒上去，就会发芽成长，取得收成。"

苏氏认为，阅读是学生自我教育的开始，也是学生自我教育不断走向强化和深化的途径。苏氏十分重视学生的自我教育，他说："一个少年，只有当他学会了不仅仔细地研究周围的世界，而且仔细地研究自己本身的时候；只有当他不仅努力认识周围的事物和现象，而且努力认识自己的内心世界的时候；只有当他的精神力量用来使自己变得更好、更完善的时候，他才能成为一个真正的人。"他说："我深信，只有能够激发学生去进行自我教育的教育，才是真正的教育。"那么，从什么地方开始自我教育呢？苏氏认为，学生除了在体育锻炼和劳动中进行自我教育外，另一个重要的手段就是读书。他说："我坚定地相信，少年的自我教育是从读一本好书开始的。"他说："学生读书的时候预备了专门的笔记本和摘录本，他们在写笔记的过程中跟自己进行着内心的交谈。这是自我教育很重要的阶段。"他还说："只有强烈的希望从人类经过艰难困苦而获得的精神财富中为自己吸取养料的人，才能上升到这个阶段。"

苏氏认为，阅读还是激发学生的学习兴趣，使其避免厌学的有效方法。他认为，想让学生对学习有兴趣，注意力集中，就必须使学生的意识里有一点"思维的引火线"，这个引火线就是在教师将要讲到的东西中有某个学生已知的东西。而让学生建立这种"已知"，就得靠课外阅读。他举例说："我要让学生集中注意力听讲关于蠕虫的教材，我就得培养我所需要的学生的情绪状态，我就得推荐他们读一些关于自然界、土壤生活方面的有趣的书。"他在《兴趣秘密所在》一文中更清晰地阐释了这一观点："如果一个学生有了广泛的阅读，那么教师在课堂上所讲解的任何一个新概念、新现象，就会纳入他从各种书籍中汲取到的知识体系里去。在这种情况下，教师在课堂上所讲授的科学知识就具有特殊的吸引力，学生感到这些知识是帮助他把'头脑里已有的'东西弄得更加清楚所必不可少的。"

苏氏认为，阅读可以完成对后进生的改造和提高。他说："我国学校里的成千上万的落后生、不及格生和留级生，一般的说就是那些没有学会阅读的少年。"他反对给那些后进生没完没了地补课，他说："不要靠补课，也不要靠没完没了地'拉一把'，而要靠阅读、阅读、再阅读。"他又打了个很生动的比喻："学生学习越感到困难，他在脑力劳动中遇到的困难越多，他就越需要多阅读，正像敏感度差的照相底片需要较长时间的曝光一样，学习成绩差的学生的头脑也需要科学技术之光给以更鲜明、更长久的照耀。"他不仅是这么说的，也是这么实践的。他曾教过三至八年级的学生，他总是注意给每一个后进生挑选一些供他们阅读的书籍和文章。一个叫彼特里克的学生，头脑迟钝，在六、七年级学习那些复杂的概念和规律性时，他就碰到了困难。为此，苏氏挑选了一些有关数学、物理、化学的课外读物，对他说："你把教科书先放一放，读读这些书吧。"

苏氏认为，阅读是避免一个人精神空虚、走向犯罪的需要，是开阔胸襟、美化情操的需要。苏氏说："我坚定地认为，青少年中发生的那些日益使社会感到不安的不良现象——酗酒、流氓行为、毫无意义的浪费时间等，产生这些事情的最重要的原因，就在于学生在上学

时期智力兴趣很狭窄和空虚,而在毕业后这种狭窄和空虚更加严重起来了。"苏氏认为,要消除这种狭窄和空虚,就得在学校里引导学生爱上阅读,并使他们把这一习惯带进社会生活中。他说:"一个人在中小学年代里读过哪些书,书籍在他的心灵里留下什么痕迹——这一点决定着人的情感的培养,决定着年轻人对待同龄人、对待长者以及对待生活的态度。如果一个人在走出校门后不知阅读为何物,或者只局限于看那些侦探小说,那么他的精神世界就是粗鲁的,他就会到那些毫无人性的地方去寻找刺激性的享受。"他在另一篇文章中说:"学校工作的经验使我深信:学校教育的缺点之一,就是没有那种占据学生的全部理智和心灵的真正的阅读。没有这种阅读,学生就没有学习的愿望,他的精神世界就会变得狭窄和贫乏。"他深情地呼唤:"让书籍去占据青年时代吧!如果你的学生感到书籍永远是一种新奇之物,如果年轻人总想单独躲起来去享受这种瑰宝,如果青年当中有许多这样有读书癖的'怪人',那么,我们的社会目前还不能对付的许多棘手的问题就会迎刃而解。"

苏氏除了以上关于阅读在学生智力发展和道德成长中的重要作用的论述外,还用不少的篇幅论述了阅读在教师职业生涯中的重要性。他说:"只有当教师的知识视野比教学大纲规定的宽广得多的时候,教师才能成为教育过程的真正的能手。"他说:"读书,读书,再读书,——教师教育素养的提高正取决于此。要把读书当做第一精神需要,当做饥饿者的食物。"

苏氏还十分重视学校和家庭教育的一致性。他说:"如果没有这种一致性,那么学校的教学和教育就会像纸做的房子一样倒塌下来。"那么,怎样才能一致呢?苏氏给家长们开的药方仍然是阅读。他说:"为了教育儿童,父母应该多读书。……我认为家长教育修养的一个重要标志,就是书籍在他们的生活中占有何种地位。"他在另一篇文章中写道:"在20年间,我做了1200张卡片,其中记录了学生在少年期和青年早期(直到中学毕业)的精神发展情况。我在分析了这些材料之后得出一个结论：凡是道德修养好的、有自觉精神的劳动者，都是在对书籍抱着深刻尊重态度的家庭里长大的。"

总之，苏霍姆林斯基十分重视阅读在教育中的作用。在他看来，阅读几乎成了解决教育问题的万灵丹。我不能不这样想：要是苏霍姆林斯基生活在现在的中国，看到成天被上课、作业、考试、补课压得喘不过气来的、即使想阅读也很难找到时间的学生们；看到除了看教材、教参很少看其他书的教师们；看到除了谋发财或谋生存外就是打牌喝酒的大多数家长们，他会作何感想呢？

掌声与掌声后的……

那段时间我很少写日记,近一年里不过写了七八则,那件事情就记载在那仅有的几则日记里。日记中写得清清楚楚,时间是 2005 年 4 月 14 日上午第二节课,我正给二(10)班的学生上杜牧的《赤壁》。在分析"东风不与周郎便,铜雀春深锁二乔"时,我说:"历史人物的成败既有必然性也有偶然性,机遇往往极大地促成了他们的成败。"接着,我从东风给周瑜和诸葛亮带来的机遇,讲到项羽在鸿门宴上错失机遇,再讲到"西安事变"给中国抗日战争带来的机遇,再讲到第二次世界大战给美国的经济强大带来的机遇。

这时,我想到了几天前与一位退休教师同桌吃饭时,他说的一句话:"中国这些年来发展很快,一直保持着百分之八九的发展速度,照这样的速度发展下去,不出三四十年就能赶上美国。"我当即给予了反驳,但老人并没有接受我的观点,坚持他的"赶上说"。这时,我跑题地对我的学生说:"有人说,不过三四十年中国就要赶上美国,这是一种盲目的乐观。"学生们都睁大眼睛有点惊讶地望着我。我接着说:"我这个结论不是随便得出的,而是根据美国的综合国力,尤其是根据它的教育状况来预测的。今天的教育如何,就是明天的强大与否。根据我的了解,美国的教育要比世界上其他国家的教育先进得多。"顿了一下，我接着说："一个国家，最可怕的并不是它现在的贫穷落后，而是在贫穷落后的同时教育又办得十分落后。这就像一个贫困的家庭，不仅父母无能，而且在其子女身上也看不到什么指望。"

学生在惊愕之后有了议论声。平时思想活跃、发言积极的汪龙同学欠起身子望着我说："您说我们的教育落后体现在哪里呢？"我说（即使学生不发问，我也会说下去的）："中国教育的落后集中体现在以升学率为目的、以分数为中心上。学校以分数衡量老师，老师以分数衡量学生。为了分数和升学率，学校早晚上课、周末补课、寒暑假补课，连学生的午休时间都不放过，这严重摧残了学生的身心健康！"哗——，掌声不可遏制地爆发了，很猛很响。过去哪个老师不是对他们强调分数和补课的重要性？突然从一个老师的嘴里听到了抨击分数和补课的话，怎能不叫他们惊讶？他们该是受了多少作业、考试和补课之苦，我的这番体己话怎能不让他们激动？！

掌声停了，70多双眼睛齐刷刷地盯着我，每双眼睛里都饱含着被理解的欣喜和继续聆听的期待。我又说："在我们目前的教育实践中，为了分数，各科老师搞题海战术，成天作业作业作业、考试考试考试，搞一些重复琐碎的练习。有些练习根本没有意义。"我举例说："上周我们考的第五单元的试卷上，就有一题在我看来是没有意义的，就是考'以'字的几种用法的那一题。在我看来，现在已经不再使用文言文了，我们之所以学习它，无非是为了吸收里面的一些精华，至于那些特殊的文言虚词和生僻的文言实词，点到一下，理解就行了，是用不着考的。你一考，老师们势必要在这上面花许多时间磨学生。"又来了掌声。

"我觉得，把用在讲和练习这些文言虚词、实词上的时间，用来多学一篇文言名篇要有意义得多。有些老师每上完一篇文言文都要把译文抄上一黑板让学生背。我从来不这样做，我觉得学生理解了文意能口头大致翻译出来就行了。背诵《〈论语〉十则》的译文，不如把这个时间用来再读几则《论语》；背诵《〈孟子〉二章》的译文，不如把这个时间用来再学几章《孟子》。当然，背诵原文是必要的。"稍停，我又说："上课、作业、考试、补课，成天过这么机械沉闷的生活，没有一点新的东西，不搞一次课外活动和社会实践活动，学生如何不厌学？"掌声雷动。

"大家知道，我们学校除了去年开了一次秋季田径运动会外，这几年来几乎没有开展过一次活动。春游、野炊、夏令营、社会调查、人物采访、实地观察、演讲、辩论、生物实验……搞过一次没有？你们都知道。过去还做一点素质教育的表面文章，现在连做点样子都懒得做。为什么要这样？无非是因为老师们认为：搞一次活动就占用了练习、考试或试卷评讲的时间，就等于是错过了一次提高学生考试分数的机会。"掌声雷鸣般地响起。

"我经常在办公室里听到老师们责怪、哀叹学生厌学得太厉害，感叹书越来越不好教。这几年学校每年都要发生几起离校出走的事件，这是学生厌学到一定程度的必然结果。我们的校长只知道归咎班主任，说班主任没管理好学生；我们的老师只知道责怪学生，说学生太不听话。你们想过教育体制的弊端没有？"我未说完，掌声又响了。

我向下用力压手，示意学生停下来。有几个学生也喊着说："停下来，听老师说完。"我接着说："校长们、老师们想过自身的原因没有？校长和老师可以当当学生试试看，看自己厌学不厌学？"掌声和着笑声。"我坦率地说，要是我现在做学生，依我的性格，我肯定厌学，说不定早就逃学了。"掌声又雷鸣般地响起，平时几个活泼调皮的学生，笑得前仰后合，又拍巴掌又拍课桌。

……

下课铃响了，学生担心我宣布下课，齐声要求："继续讲！继续讲！"我说："我是反对占用学生休息时间的，怎么能……""这不是占用，我们愿意。"我笑着说："怎么不是占用？"……在学生的强烈要求下，我还是占用了学生几分钟后才宣布下课。

我回到办公室，闭目靠在靠背椅上，过了好久心情才平静下来。

在课堂上赢得学生的掌声，在我近20年的教学生涯中是有过几次的，其中尤为热烈的有三次。另两次，虽然一次过去了7年，一次过去了3年，但在我的脑海中却依然清晰。教书，即使是在最糟糕的不堪忍受的教育环境中，也不是没有幸福！晚上，我在日记中这样写道："……这堂课，与其说我在上课，不如说我是在班上召开一次对应试教育的声讨会；与其说我在精彩地演讲，不如说我在尽情地倾诉；与其说我的讲话是教学的需要，不如说是我心灵的需要；与其说我高声大气地讲得口干舌燥，不如说我被放肆宣泄得气畅身爽。"

之后，我的课堂上发生了一些变化——

过去2个小时的晚自习，我一般是这样安排的：1个小时做作业或试卷评讲，20分钟写日记，40分钟看课外书。尽管过去也有个别学生在做作业时偷看课外书，但现在在我安排做作业的时间里看课外书的学生明显增加，更多的学生是马马虎虎或偷工减料地做完作业后去看课外书。上《马说》一课时，我讲"其真无马邪？其真不知马矣。"中两个"其"字的不同用法时，有学生说："你说讲这些没意义的，怎么还要讲呢？"当我宣布下节课进行第五单位的测试的时候，我发现学生的反应没有以前明显——他们对考试有了几分漠视。试卷批改后，我仍像从前那样按由高到低的顺序向学生宣读分数分发试卷，边分发边表扬或批评。下课后，有学生问我："老师，你说分数并不重要，怎么还是这么重视分数？"学生对作业和试卷中的某个题目提出疑问或否定的次数明显增多。周末补课，有不少学生旷课（以前极少有人旷课）。几乎天天有学生吵着要搞一次语文课外活动。我说："我何尝不想搞课外活动，但校长不会批准。前年我拟订了一个周密的课外活动计划，报给校长，不批，理由是怕出安全事故。"学生都说："保证听您的话，不出事故。"我说："跟我再保证也是白搭，除非你们向校长保证，求得了校长的同意。"果然，汪龙带着几个同学去找了校长；结果，还是不批。

不久，学校进行统一期中考试。成绩揭晓：初二3个重点班中，我所带的班为倒数第一。我不能不反思原因，反思的结论：问题就出在那次掌声迭起的讲话上。如果上晚自习跟别的老师一样都安排学生做作业，而不是用过多的时间让学生自由看书；如果周末补课，没有那么多学生不来；如果在考试前的一周像别的老师那样，多占用音体美几个课时搞复习；如果把文言虚词多讲一讲（期中试卷第14题考了文言虚词"焉"）；如果这个班的学生不是普遍产生了轻视考试和分数的倾向……这次考试断不会有这种结果。如果有人说："你对那场精彩的讲话后悔了吗？"即使确有几分悔意，我也极不情愿承认。

接着，校长找我谈话。他说："你是我们学校语文功底最硬的老师，学校把重点班交给你是寄予了很大希望的。这次期中考试……我听说你反对学生补课；你上次还发动学生找我，要求搞课外活动。我也晓得搞课外活动是有意义的，但出了安全事故谁负得起责。我也清楚，现在学生的确负担过重，上级也要求减负，但你不补课，别的兄弟学校在补课，你不补，就会落后。现在竞争非常激烈，如果这几年我们学校还不走出中考质量的低谷，还像以前那样每年只有七八个学生考进重点高中，我们就会出现生存危机，就会有更多的学生向别的学校流失。现在哪个学校不搞应试？你一个人搞素质教育，别人都在搞应试教育，其结果你就要吃亏。要面对现实……"

我把考试结果连同校长对我的批评都对学生讲了，接着批评了班上的"错误倾向"，意在对那次演讲带来的影响作点拨乱反正。这次讲话，我用了许多"虽然""但是"——尽量不让它与上次的讲话形成明显的矛盾。

第二天，上完课后走出教室。班上一名叫宋姗的女生追上来递给我一封信。到了办公室，我展开看到了这样一些话：

"首先，请您不要为期中考试的倒数第一而生气，我们大多数学生也很后悔。……我们不是说您的课讲得不好，而是觉得您太放任学生了。……学语文还是要死记硬背，注释、翻译也要背，不能让读课外书占用过多的时间，对不做作业而偷看课外书的学生给予相应的惩罚。也许我们的建议不符合您的想法，不符合您那天在课堂上讲的那些振奋人心的话。但从小学到现在，我们受到家庭、学校、老师、亲人的影响，形成了以分数为目标的旧思想。……希望您采纳我们的意见。如果不可取，请不要生气。看完信后，如果要在班上讲，请不要点名。"

您的学生：宋姗　胡亚平

我双手抱腹仰脸靠在靠椅背上，又像发愣又像养神地，很久很久……本文到这里，我似乎写不下去了，我真的不知道该说什么了……

西南师范大学出版社
《名师工程》系列丛书目录

系列	序号	书　　名	作者	定价
鲁派名师系列·教育探索者	1	《追问历史教学之道》	钟红军	36.00
	2	《灵动英语课——高效外语教学氛围创设艺术》	邵淑红	30.00
	3	《校园，幸福教育的栖居》	武际金	30.00
	4	《复调语文——尊重生命自我成长的语文教学》	孙云霄	30.00
	5	《智趣数学课——在情感深处激发学生的数学智能》	王冬梅	30.00
	6	《高品位"悦读"——让情感与心灵更愉悦的阅读教学》	马彩清	30.00
	7	《品诵教学——感悟母语神韵的阅读教学》	侯忠彦	30.00
	8	《智趣化学课——在快乐中提升学生的科学素养》	张利平	30.00
码解名师系列	9	《教育需要播种温暖——谢文东与儒雅教育》	余　香　陈柔羽　王林发	28.00
	10	《为了未来设计教育——梁哲与探究教育》	冼柳欣　肖东阳　王林发	28.00
	11	《真心是教育的底色——谭永焕与真心教育》	谭永焕　温静瑶　王林发	28.00
	12	《做超越自我的教师——刘海涛与创新教育》	王林发　陈晓凤　欧诗停	28.00
	13	《打造灵动的教育场——张旭与情感教育》	范雪贞　邹小丽　王林发	28.00
高效课堂系列	14	《让数学课堂更高效——教研员眼中的教学得失》	朱志明	30.00
	15	《从教会到教慧——小学生数学学习能力的培养艺术》	滕　云	30.00
	16	《用什么提高课堂效率——有效数学课必须关注的10大要素》	赵红婷	30.00
	17	《让作文更轻松——小学作文高效教学36锦囊》	李素环	30.00
	18	《让研究性学习更高效——研究性学习施教指导策略》	欧阳仁宣	30.00
	19	《让母语融入学生心灵——提升学生语文素养的高效施教艺术》	黄桂林	30.00
创新课堂系列	20	《小学语文"三环节"阅读教学法——自学、读讲、实践》	薛发武	30.00
	21	《个性化课堂教学艺术：小学语文》	商德远	30.00
	22	《如何实现三维目标——让学生与文本共鸣的诵读教学》	张连元	30.00
	23	《想说　会说　有话可说——突破作文瓶颈的三维教学法》	杨和平	30.00
	24	《综合课的整合创新教学》	周辉兵	30.00
	25	《如何打造学生喜欢的音乐课堂》	张　娟	30.00
	26	《理想课堂的构建与实施——一个教研员眼中的理想课堂》	张玉彬	30.00
	27	《小学语文：决定教学质量的关键策略》	李　楠	30.00
	28	《用〈论语〉思想提升数学教育智慧》	胡爱民	30.00
	29	《童化作文——浸润儿童心灵的作文教学》	吴　勇	30.00
	30	《亲爱的语文》	鲍周生	30.00
名校系列	31	《人本与生本：管理与德育的双重根基》	广州市广外附设外语学校	30.00
	32	《生本与生成：高效教学的两轮驱动》	广州市广外附设外语学校	30.00
	33	《世界视野与现代意识：校本课程开发的二元思维》	广州市广外附设外语学校	30.00
	34	《让每个生命都精彩——生命教育校本实践策略》	王鹏飞	30.00
	35	《好学校，从关注每个学生开始——石梅小学优质教育多元感悟》	顾　泳　张文质	30.00

系列	序号	书　　名	作者	定价
思想者系列	36	《回归教育的本色》	马恩来	30.00
	37	《守护教育的本真》	陈道龙	30.00
	38	《教育，倾听心灵的声音》	李荣灿	30.00
	39	《心根课堂——让教育随学生心灵起舞》	刘云生	30.00
	40	《做一个纯粹的教师》	许丽芬	26.00
	41	《率性教书》	夏　昆	26.00
	42	《为爱教书》	马一舜	26.00
	43	《课堂，诗意还在》	赵赵（赵克芳）	26.00
	44	《今日教育之民间立场》	子虚（扈永进）	30.00
	45	《教育，细节的深度反思》	许传利	30.00
	46	《追寻教育的真谛——许锡良教育思考录》	许锡良	30.00
	47	《做爱思考的教师》	杨守菊	30.00
鲁派名校教育探索者系列	48	《博弈中的追求——一位中学校长的"零"作业抉择》	李志欣	30.00
	49	《大教育视野下的特色课程构建——海洋教育的开发实施》	白刚勋	30.00
名师教学手记系列	50	《唤醒生命的对话——孙建锋语文教学手记》	孙建锋	30.00
	51	《让作文教学更高效——王学东写作教学手记》	王学东	30.00
名校长核心思想系列	52	《智圆行方——智慧校长的50项管理策略》	胡美山　李绵军	30.0
	53	《做一个智慧的校长》	孙世杰	30.00
	54	《成为有思想的校长》	赵艳然	30.00
创新班主任系列	55	《班主任专业化成长策略》	杨连山	30.00
	56	《班级活动创新与问题应对》	杨连山　杨照　张国良	30.00
	57	《班集体建设与创新人才培养》	李国汉	30.00
	58	《神奇的教育场——打造特色班级文化创新艺术》	李德善	30.00
教研提升系列	59	《校本教研的7个关键点》	孙瑞欣	30.00
	60	《教师怎样做小课题研究——高效助力教师专业化成长》	徐世贵　刘恒贺	30.00
	61	《今天我们应怎样评课》	张文质　陈海滨	30.00
	62	《今天我们应怎样进行教学反思》	张文质　刘永席	30.00
	63	《一节好课需要的教育智慧》	张文质　姚春杰	30.00
优化教学系列	64	《高效教学组织的优化策略》	赵雪霞	30.00
	65	《高效教学方法的优化策略》	任　辉	30.00
	66	《高效教学过程的优化策略》	韩　锋	30.00
	67	《让教学更生动——激发兴趣让学生快乐认知》	朱良才	30.00
	68	《让教学更高效——策略创新让教学事半功倍》	孙朝仁	30.00
	69	《让教学更开放——拓展延伸让学生触类旁通》	焦祖卿　吕　勤	30.00
	70	《让教学更生活——体验运用让学生内化知识》	强光峰	30.00
	71	《让知识更系统——整合与概括让学生建构体系》	杨向谊	30.00
	72	《让思维更创新——思辨与发散让学生思维活跃》	朱良才	30.00

系列	序号	书　　名	作者	定价
创新语文教学系列	73	《曹洪彪新概念快速作文》	曹洪彪	30.00
	74	《小学语文：享受对话教学》	孙建锋	30.00
	75	《小学语文：名师教学目标落实艺术》	刘海涛　王林发	30.00
	76	《小学语文：名师魅力教学设计艺术》	刘海涛　王林发	30.00
	77	《小学语文：名师魅力课堂激趣艺术》	刘海涛　豆海湛	30.00
	78	《小学语文：单元整体教学构建艺术》	李怀源	30.00
	79	《小学作文：名师情趣课堂创设艺术》	张化万	30.00
名课名师系列	80	《名师如何炼就名课》（美术卷）	李力加	35.00
教师成长系列	81	《做会研究的教师》	姚小明	30.00
	82	《学学名师那些事》	孙志毅	30.00
	83	《给新教师的建议》	李镇西	30.00
	84	《教师心灵读本：成为有思想的教师》	肖　川	30.00
	85	《教师心灵读本：教师，做反思的实践者》	肖　川	30.00
幼师提升系列	86	《全国优秀幼儿健康教育活动课例评析》	教育部教育管理信息中心	30.00
	87	《全国优秀幼儿艺术教育活动课例评析》	教育部教育管理信息中心	30.00
	88	《全国优秀幼儿社会教育活动课例评析》	教育部教育管理信息中心	30.00
	89	《全国优秀幼儿语言教育活动课例评析》	教育部教育管理信息中心	30.00
	90	《全国优秀幼儿科学教育活动课例评析》	教育部教育管理信息中心	30.00
教师修炼系列	91	《班主任工作行为八项修炼》	杨连山	30.00
	92	《教师心理健康六项修炼》	李慧生	30.00
	93	《教师专业化五项修炼》	杨连山　田福安	30.00
	94	《课堂教学素养五项修炼》	刘金生　霍克林	30.00
	95	《高效教学技能十项修炼》	欧阳芬　诸葛彪	30.00
	96	《教师新师德六项修炼》	王毓珣　王　颖	30.00
创新数学教学系列	97	《小学数学：名师教学目标落实艺术》	余文森	30.00
	98	《小学数学：名师高效教学设计艺术》	余文森	30.00
	99	《小学数学：名师易错问题针对教学》	余文森	30.00
	100	《小学数学：名师魅力课堂激趣艺术》	余文森	30.00
	101	《小学数学：名师同课异教》	林高明　陈燕香	30.00
	102	《小学数学：名师抽象问题艺术教学》	余文森	30.00
教育心理系列	103	《做最好的心理导师——中学生心理健康咨询手册》	杨　东	30.00
	104	《每天学点教育心理学》	石国兴　白晋荣	30.00
	105	《学生心理拓展训练与指导》	徐岳敏	30.00
	106	《好心态成就好学生——学生心理问题剖析与对症教育》	李韦遴	30.00
教育通识系列	107	《用心做教师——青年教师快速成长的十大定律》	王福强	30.00
	108	《做最受学生欢迎的老师》	赵　馨　许俊仪	30.00
	109	《做有策略的校长——经典寓言与学校管理智慧》	宋运来	30.00
	110	《做有策略的教师——经典故事中的教育启示》	孙志毅	30.00
	111	《从学生那里学教书》	严育洪	30.00
	112	《突破平庸——提升教育质量的31个跳板》	严育洪	30.00
	113	《教育，诗意地栖居》	朱华忠	30.00
	114	《好班规打造好班级》	赵　凯	30.00
	115	《做学生成长的引领者——学生终身成长的素质培养》	田祥珍	30.00
	116	《如何营出好班级——突破班级管理的四大瓶颈》	刘令军	30.00
	117	《青春期性教育教师实用手册》	闵乐夫	30.00

系列	序号	书　　名	作者	定价
高中新课程系列	118	《高中新课程：教师角色转变细节》	缪水娟	30.00
	119	《高中新课程：班主任新兵法细节》	李国汉　杨连山	30.00
	120	《高中新课程：教学管理创新细节》	陈　文	30.00
	121	《高中新课程：更有效的评价细节》	李淑华	30.00
教学新突破系列	122	《把教学目标落实到位——名师优质课堂的效率管理》	冯增俊	30.00
	123	《拿什么调动学生——名师生态课堂的情绪管理》	胡　涛	30.00
	124	《零距离施教——名师和谐师生关系的构建艺术》	贺　斌	30.00
	125	《一个都不能落——名师提升学困生的针对教学》	侯一波	30.00
	126	《让学习变得更轻松——名师最能吸引学生的情境设计》	施建平	30.00
	127	《让知识变得更易学——名师改造难学知识的优化艺术》	周维强	30.00
名师讲述系列	128	《施教先施爱——名师讲述班主任的核心教导力》	杨连山　魏永田	30.00
	129	《在欢乐中成长——名师讲述最具活力的课堂愉快教学》	王斌兴	30.00
	130	《让学生做自己的老师——名师讲述如何提升学生自主学习能力》	徐学福　房　慧	30.00
	131	《引领学生高效学习——名师讲述如何提高学生课堂学习效率》	刘世斌	30.00
	132	《教育从心灵开始——名师讲述最能感动学生的心灵教育》	张文质	30.00
教育细节系列	133	《名师最具渲染力的口才细节》	高万祥	30.00
	134	《名师最有效的沟通细节》	李　燕　徐　波	30.00
	135	《名师最有效的激励细节》	张　利　李　波	30.00
	136	《名师培养学生好习惯的高效细节》	李文娟　郭香萍	30.00
	137	《名师人格教育的经典细节》	齐　欣	30.00
	138	《名师营造课堂氛围的经典细节》	高　帆　李秀华	30.00
	139	《名师最有效的赏识教育细节》	李慧军	30.00
	140	《名师最有效的批评细节》	沈　旎	30.00
教育管理力系列	141	《名校激励管理促进力》	周　兵	30.00
	142	《名校安全管理执行力》	袁先潋	30.00
	143	《名校师资团队建设力》	赵圣华	30.00
	144	《名校危机管理应对力》	李明汉	30.00
	145	《名校校本研究创新力》	李春华	30.00
	146	《学校文化力建设策略》	袁先潋	30.00
	147	《名校长核心教育力》	陶继新	30.00
	148	《名校长高绩效领导力》	周辉兵	30.00
	149	《名校行政管理细节力》	杨少春	30.00
	150	《名校教学管理提升力》	张　韬　戴诗银	30.00
	151	《名校学生管理教导力》	田福安	30.00
	152	《名校校园文化构建力》	岳春峰	30.00
大师讲坛系列	153	《大师谈教育心理》	肖　川	30.00
	154	《大师谈教育激励》	肖　川	30.00
	155	《大师谈教育沟通》	王斌兴　吴杰明	30.00
	156	《大师谈启蒙教育》	周　宏	30.00
	157	《大师谈教育管理》	樊　雁	30.00
	158	《大师谈儿童人格塑造》	齐　欣	30.00
	159	《大师谈儿童习惯培养》	唐西胜	30.00
	160	《大师谈儿童能力培养》	张启福	30.00
	161	《大师谈早恋与性教育》	闵乐夫	30.00
	162	《大师谈儿童情感教育》	张光林　张　静	30.00

系列	序号	书　　　名	作者	定价
教学提升系列	163	《方法总比问题多——名师转变棘手学生的施教艺术》	杨志军	30.00
	164	《用特色吸引学生——名师最受欢迎的特色教学艺术》	卞金祥	30.00
	165	《让学生爱上课堂——名师高效课堂的引导艺术》	邓　涛	30.00
	166	《拿什么打开思路——名师最吸引学生的课堂切入点》	马友文	30.00
	167	《没有记不牢的知识——名师最能提升学生记忆效果的秘诀》	谢定兰	30.00
	168	《让学生的思维活起来——名师最激发潜能的课堂提问艺术》	严永金	30.00
国际视野系列	169	《行走在日本基础教育第一线》	李润华	26.00
	170	《润物细无声》	赵荣荣　张　静	30.00
	171	《不让一个学生掉队——国际视野下的教育均衡实践》	乔　鹤	28.00
	172	《从白桦林到克里姆林宫——俄罗斯中小学教育纪实》	赵　伟	30.00